沃米重构研习社

Refactoring
New Business

重构

新商业模式

周导 著
新商业模式之逆向盈利主讲导师

当下重构 拥抱未来

哈爾濱工業大學出版社
HARBIN INSTITUTE OF TECHNOLOGY PRESS
HITP

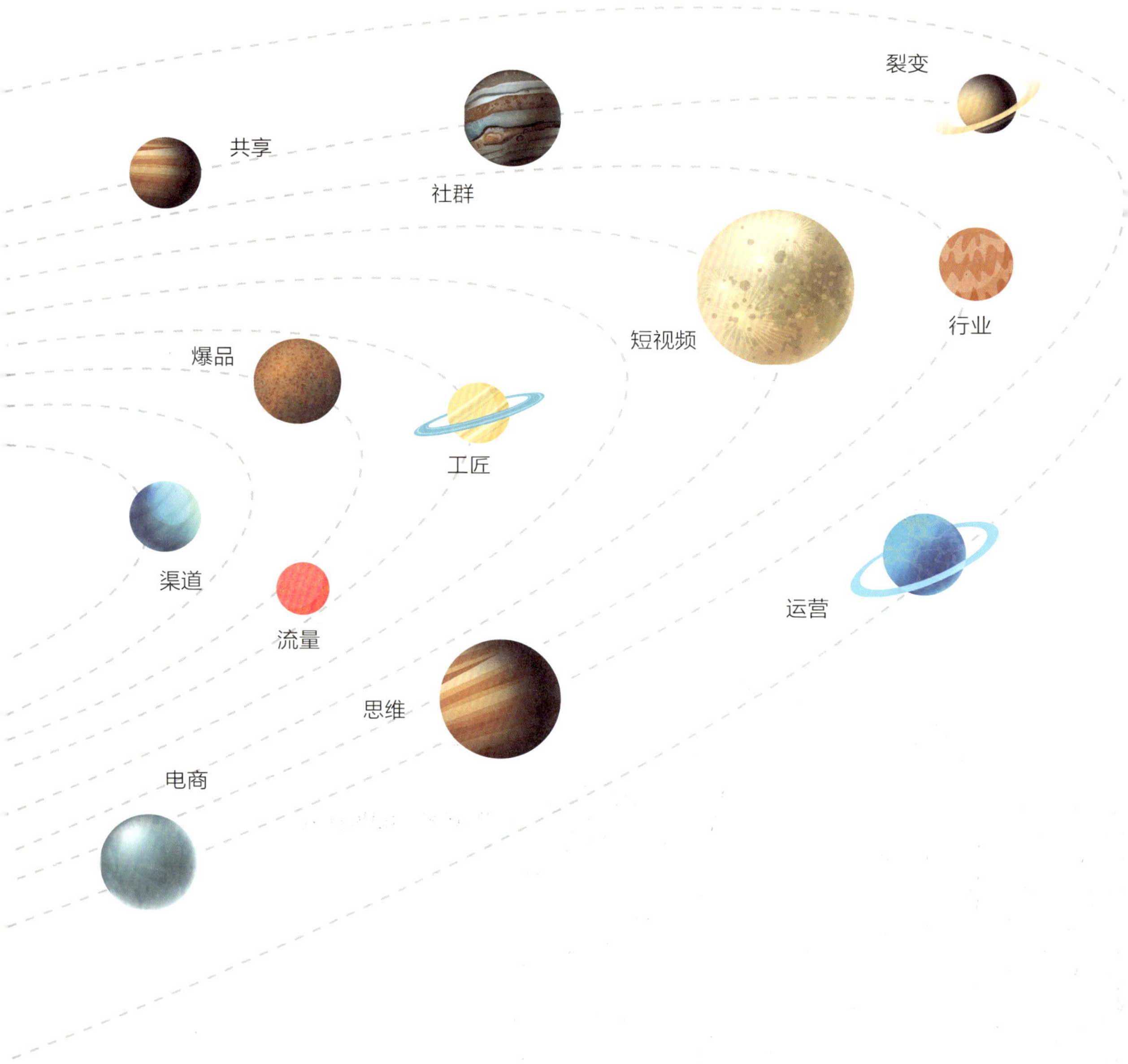
裂变
共享
社群
行业
短视频
爆品
工匠
渠道
运营
流量
思维
电商

目录

引　言

管理大师彼得·德鲁克曾谈及：当今企业之间的竞争，不是产品和服务之间的竞争，而是商业模式之间的竞争。

中国的消费市场经历了产品稀缺、产品饱和、产品过剩三个阶段。在产品稀缺时代，企业只要降低成本，提高收入，就能实现利润最大化。所有的企业用同样的方法，做同样的行业，抢占同一批客户，结果就是使行业从开始的暴利时代过渡到微利时代，最后进入无利时代。

当下企业的规模越来越大，账上的流动资金越来越紧缺，以致陷入收入、成本、利润、投资的恶性循环中，这就是传统企业盈利模式带来的影响。

本书通过周导自创的四大思维、八大盈利模式、十二个趋势等，为企业带来两大改变：第一，跳出收入、成本、利润和投资恶性循环的怪圈，让企业的现金流通起来；第二，把融资这个平台打开，让企业通过模式的创新吸引更多的资源及资本进来。

Refactoring Business Models

第一篇

重构 商业模式篇

中国的商业经济已进入资源融合的时代，商界“高手过招”，不体现在“一招一式”上，而体现在企业的文化底蕴、战略布局和老板的格局、谋局等层面上。企业老板只有深刻洞察整个市场（行业）的发展趋势，才能够把握时代的脉搏，掌握时代的商机。因此，对于企业来说至关重要的是能否把握未来。谁能预测和感知未来，谁就能在行业内独领一隅。

中国市场由“产品短缺”时期过渡到“产品饱和”时期，如今已到了“产品过剩”时期，企业利润也从“暴利期”过渡到“微利期”，今天大多数企业正面临着“无利期”。

盈利是每一家企业的主要目标，所以企业老板思考最多的是如何提高收入、扩大规模、实现利润率的增长。事实上，在这个过程中加大了资本投入，增加了成本，却没有找到如何从这种传统路径中突围出来的方法。随着互联网时代的到来，在未来的一段时间里，大多数传统企业的商业模式将被颠覆。

绝大多数企业老板都反反复复提出一个问题：

生意为什么越来越难做，赚钱为什么越来越难了？

选择池塘钓大鱼
——选择商业模式，成就企业发展

周导现场

俗话说“女怕嫁错郎，男怕入错行”，做企业也同样面临着如何做“选择题”。过去，我们更多用“一家企业选择了哪个行业”来判断这家企业到底能否盈利，但是，市场结果告诉我们，一家企业并不是选择对了某个行业就万事大吉，对于当下的企业来说，比选择行业更重要的是“选择一种什么样的商业模式”。

> 我举例来讲一下当下大多数企业的现状。一位老板选择了服装行业，接着他选择女装这个产品，然后他选择做休闲女装。身边的亲戚朋友都看到了赚钱的机会，于是越来越多的人加入进来做休闲女装，同质化严重，结果就是最后大家都没有生意可做，没有利润可赚，企业经营不下去。

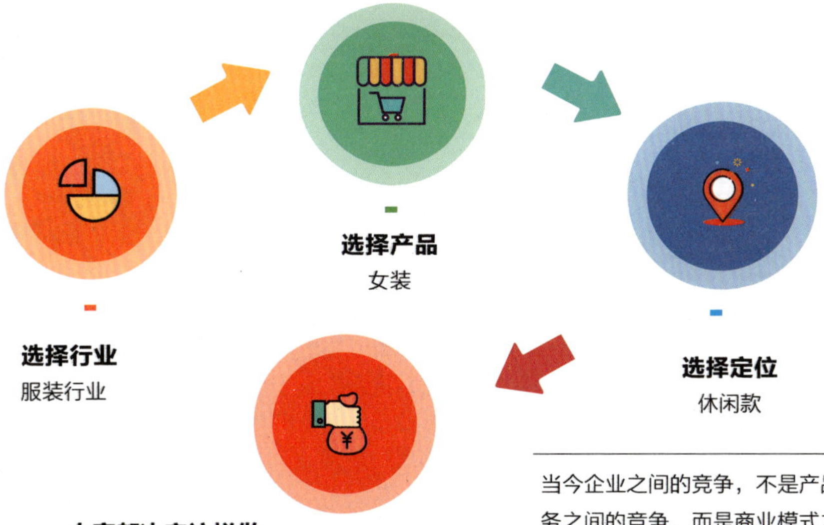

当今企业之间的竞争，不是产品与服务之间的竞争，而是商业模式之间的竞争。

——管理大师彼得·德鲁克

周导如是说，

没有模式，

不谈产品。

比赚钱更重要的是选择盈利方式。

对于当下的企业来说，商业模式的选择比行业的选择更重要。企业要想盈利，就必须先确定好的商业模式，将人力、物力、财力、资源、技术、信息等聚焦到模式的设计上来。

重构商业模式，不仅关乎传统企业在新经济形势下的发展，还是面临二次创业的企业突围的关键，更是大多数企业自我改革的重要突破口。

当今的市场环境已经从紊乱逐渐走向规范，企业之间的竞争，已经从**产品竞争、品牌竞争、服务竞争、资源竞争发展到商业模式的竞争**。在战略和执行之间，商业模式作为企业经营的指导方针，是企业参与市场竞争的核心。

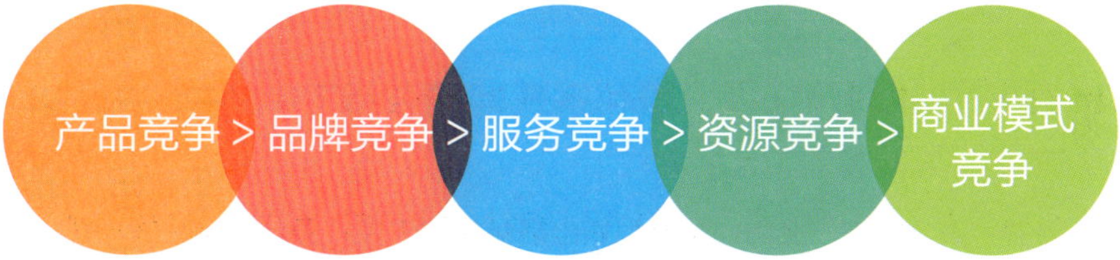

到底什么是商业模式呢？直白地说，**就是企业通过什么方式或者路径实现盈利。**企业家和小老板的最大区别，就在于如何思考并应用商业模式去赚钱。

阿里巴巴、小米、百度、宜家、格力、苏宁、海底捞、滴滴和麦当劳等企业成功的模式是什么?

它们在不同时期，又有什么样的模式变迁?

它们是怎样在市场上展示商业模式的实力?

阿里巴巴、小米的生态构建；汉庭集团健全的管理系统和庞大的 VIP 流量；海尔的客户解决方案……

只要是赚钱的地方，就有商业模式存在。

无论你从事什么行业，没有设计好一套模式都将影响未来的发展。一个好的商业模式就是企业的一颗强劲的“动力之心”，是企业资本的引擎。

传统企业利润狂减，盈利模式问题在哪?

当前，很多传统产业内的企业利润出现跳崖式下降，为什么会有这种现象出现呢? 我以一位客户的例子来分析。曾经，一位珠宝店的老板董女士找到我，她想融资 500 万元，让我帮着做一份策划方案。我问她，假设 500 万元融资到位，你预计多长时间可以回本? 她一脸迷茫地说不知道。她只知道虽然自己前些年赚了不少钱，可现在的资金却非常紧张。我问她赚了多少，她举的例子让我印象深刻。她的顾客 A 选好戒指跟着导购结账回来，发现顾客 B 直接把顾客 A 买完单的戒指戴在了手上。A 说我付钱了是我的，B 说戴我手上就是我的，并且直接戴着戒指去结账了。

董女士说这样的事情每天会发生很多次。另外，董女士的店早上 8 点开始营业，有一天她晚到 5 分钟，门口就已经被围得水泄不通，当店门一打开，顾客直接冲进去，从早到晚都有顾客在“买买买”。但是，最近几年，董女士不管是加大促销力度、重新装修高大上的店面，还是加强服务，生意都没有太大起色，珠宝店的利润暴跌，投入却如洪水式增长。

听了她的描述，我给她做了一组数据分析。

珠宝店项目	5 年前的经营数据	现在的经营数据	涨跌倍数
总投资额	50 万元	扩店 6 家，总投资 1 800 万元	↑ 35 倍
工资支出	3 名员工，每年支出约 12 万元	15 名员工，每年支出约 120 万元	↑ 9 倍
租金	每年 8 万元	每年 120 万元	↑ 14 倍
竞争店面	附近只有自己 1 家店	附近共有 6 家珠宝店	↑ 5 倍
每天客流量	平均 260 人	平均 50 人	↓ 80%
利润率	70%	20%	↓ 71%

董女士的珠宝店 5 年前与现在的经营数据

整理出以上数据，我对董女士说：“基于您生意的过往和现况，我帮您总结了八个字——投资太大、生意太差。”董女士非常认同，她说这两年周边的新店越来越多，客户也从买家变成现在的“观光客”，所以她想重新装修升级店面，才来找我帮她融资。

|TIP| 企业融资方式即企业融资的渠道。它可以分为两类：债务性融资和权益性融资。前者包括银行贷款、发行债券、应付票据、应付账款等，后者主要指股票融资。

传统产业的发展遇到瓶颈，应及时调整盈利方式，设计一套可实现盈利的模式。

选择债务性融资（俗称民间借贷），而且没有能够盈利的模式，董女士会陷入融资、融资、再融资的死循环。选择权益性融资，即通过股票融资，假设董女士释放 25% 的股权，融资到位 500 万元。但是投资人更看重的是企业市值增值后的变现能力，本质上就是要钱。

不管哪种融资，最后都是要还钱的。所以融资之前，企业要想好两件事情：一是到底可以给投资人带来什么回报；二是给投资人的回报需要多长时间才能兑现。

如果企业不能很好地实现盈利，就会出现这样的状况。投资人天天上门找企业负责人，他们会埋怨：“你当时骗我说未来能盈利，结果到现在还没有盈利。”“我是真相信，才投你的，你太让我失望了！”……

最后我们发现，这家珠宝店当前面临最主要的问题不是融资，也不是招商，而是它的盈利模式。

周导如是说，

这个时代有两种人会特别成功，
一种是特别聪明的人，
一种是特别勤奋的人。

传统商业模式以产品为中心，追求利润，紧抓收入和成本

回顾多年企业的发展历程，我们可以发现这样一种现象：

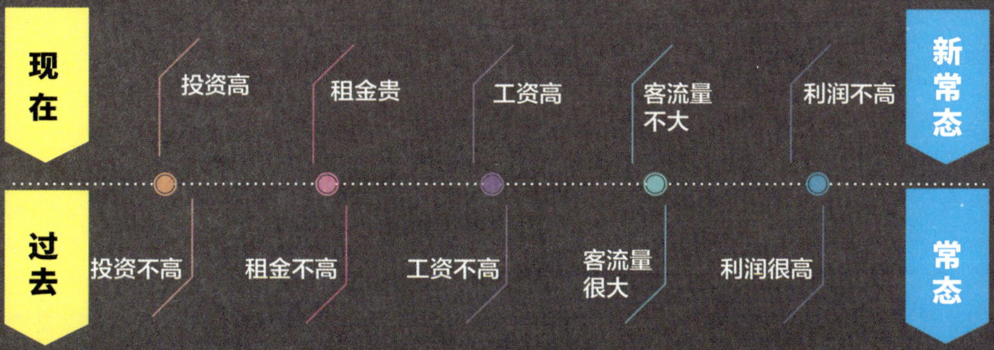

为什么会出现这种现象呢?

其实每个产业都会经历一个由成长到衰退的发展演变过程，这就叫**行业周期**。

经过十几年的观察和分析，行业周期可以分为：

①暴利期

②微利期

③无利期

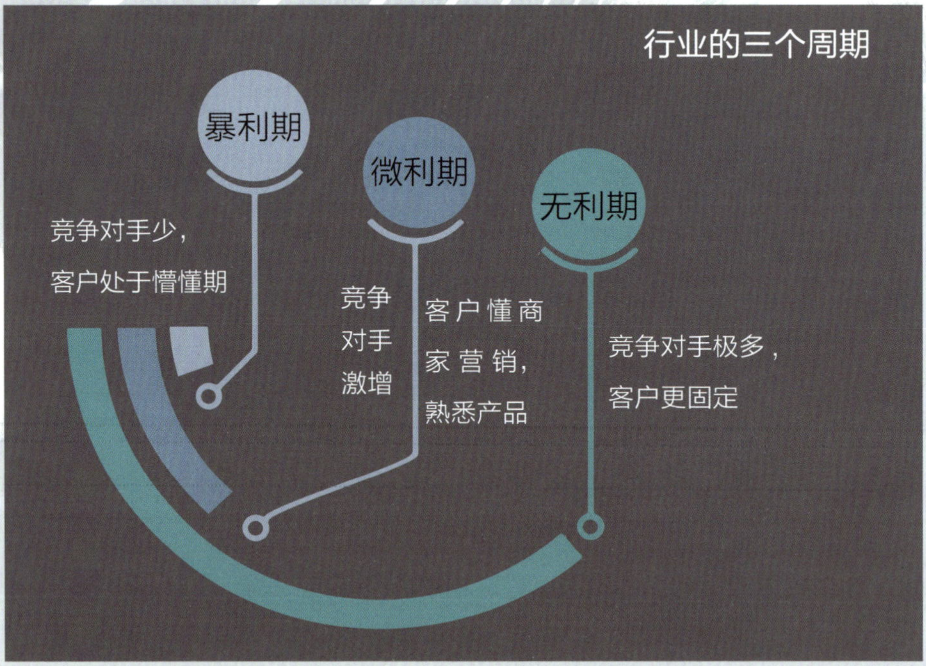

第一个阶段：暴利期

暴利期的行业竞争对手很少，客户购买需求旺盛且容易对产品满足，企业经营管理成本较低。所以，当一家企业处于行业暴利期时，即使在经营管理水平很低、投资很少的情况下，企业依然可以获得高额利润。

第二个阶段：微利期

当一家企业从事某一行业获得高额利润时，它周围的“跟风者”会层出不穷，竞争对手会越来越多。那么，这些竞争对手都有谁呢？企业的上游供应商、下游代理商、内部人员（企业的员工、股东及其家人、朋友等），同行业其他企业和跨行企业等（根据波特五力模型总结整理）。不但竞争对手越来越多，客户对产品也越来越挑剔，企业成本在上涨，就是利润没有增长。

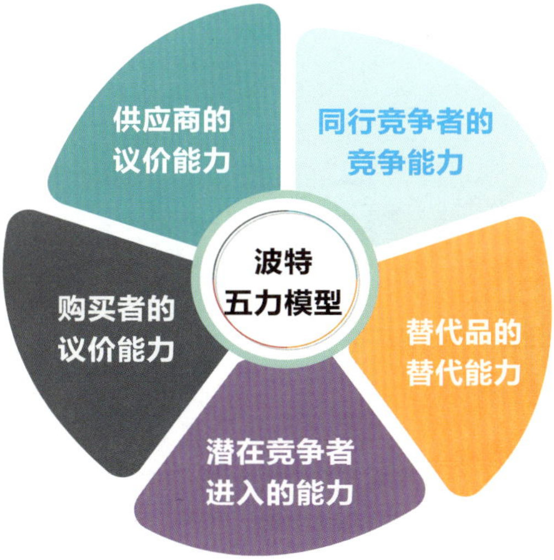

第三个阶段：无利期

当行业发展到非常成熟的阶段时，整个行业的竞争都会白热化。企业为了维持在市场上的竞争力，就会加大在管理、营销等方面的投入，以致企业的经营成本激增。而竞争对手也在加大投入，从而变成了零和博弈。最后所有企业的成本成倍地增长，客户量和利润却在减少。企业的发展在此时会陷入困境。

通过先选产品，再提高收入、降低成本来实现利润最大化的方式，是大部分传统企业的盈利方式，我称它为“正向盈利”，它的盈利路径如下图所示。

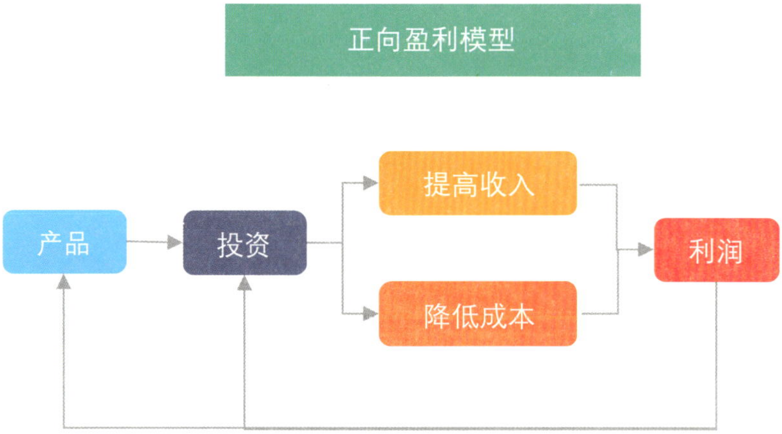

投资 100 万元，年盈利 50 万元，是赚是亏，如何评价

王先生用存款 100 万元开了一家“老王餐厅”。他用 3 个月的时间来选择做哪种类型的饭店，再用 3 个月的时间装修店面，最后他思考：“我怎么把这投入的 100 万元赚回来呢？”

经过一年的努力经营，他的收入为 150 万元，成本投入为 100 万元，得到了 50 万元的利润。	我提问一下，王先生第一年做得是否好？ 你回答，很好啊，第一年赚了 50 万元。 我觉得原来有 100 万元，现在只剩下 50 万元了，这不叫赚钱。你认为的好，是因为“店还在”。
第二年他的收入还是 150 万元，成本投入依然是 100 万元，又得到了 50 万元的利润。	我再提问一下，王先生第二年做得是否好？ 你回答，很好啊，又赚了 50 万元。 我觉得王先生两年前就有 100 万元，两年后还是 100 万元，总结两个字就是：白干！你认为好，是因为“店还在啊”。
第三年，王先生的收入还是 150 万元，依然投入 100 万元，又得到了 50 万元的利润。	这时你认为王先生赚到了 150 万元，但是我认为他赚到的是 1 家店 +50 万元。

而此时，王先生的竞争对手都来了。他为了扩大规模，要再开一家分店，装修再升级一下，决定投入 300 万元，那么他还需要另外借款 150 万元，他不得不开始走上融资这条路。

3 年的店铺经营，让王先生的生活发生了翻天覆地的变化。在未开店之前，他的生活场景是这样的：可以与家人去出海度假，可以悠闲地享受下午茶……但是开店之后，他不得不把自己的朋友圈变成招聘、促销的广告位，靠“鸡血”让自己时刻保持奋斗状态。

上面的案例是大多数老板的写照。传统企业的老板一直以来的逻辑就是：做大——使资产规模最大化；做强——把员工团队做强。不知不觉中，最后把企业做成了“重资产 + 重运营”。事实上，所有的成本都披上了提高收入的外衣，这就是“正向盈利模式”引起的负面影响。

正向盈利模式主要有三大负面影响：

第一大负面影响： 因为收入上不去，成本下不来，所以利润找不到出路。

第二大负面影响： 重资产下的企业，资产没有一个可以变现的出口，等到有一天要扩大规模、提升运营质量的时候，这些资产就会被“敲掉”，一文不值。即使能够变现，也只是“残值变现”。

第三大负面影响： “投资永远没有出头之日”。当一年赚 50 万元时，你要投资 100 万元；一年赚 500 万元时，需要投资 1 000 万元；一年想要赚 5 000 万元，投资额就需要 1 亿元。

正向盈利的
方式在暴利期是可行的。

但是当各行各业都已经进入微利期和无利期时，企业该**何去何从？**

到底该**变革什么、怎么变革，**
才能重振雄风，获得维持企业生存的利润呢？

不管你是开工厂，还是开门店、做批发，如果你还停留在传统的正向盈利的“收入－成本－利润－投资”赚钱逻辑里，你就会发现生意越来越难做。

重构新商业模式，重构企业的盈利模式

今天，你所看到、听到的“快速做大、快速赚钱”的公司，几乎都不是靠产品。我想说的是，不是产品不重要，产品好是标配，而是比产品更重要的是，要设计一套能盈利的模式。

母婴店跨界盈利，四个月卖水壶 380 万个

一位卖儿童水壶的老板，通过与童装店老板进行资源整合，设计了一套共享的模式，将水壶的销量仅用 4 个月的时间卖到了 380 万个！

一位卖去皱、抗衰的护肤品老板，通过与女装店、美容院合作，设计了一套模式，使她在第一个月就得到 1 000 万元的收入。

根据盈利模式的形式不同，公司可分为三种类型：

第一类公司，以产品为中心，以追求企业利润最大化为目标，以“营销提高收入，管理降低成本”为手段。这类公司最关注的方向有两个：一是通过营销来持续不断地提高收入，二是通过管理来持续不断地降低成本。我们把这类公司称为传统型企业，它们赚钱的道具是产品，这类公司包括工厂、批发商、门店等。

第二类公司，不再是以产品为中心，而是以模式为中心，追求的也不是利润最大化，而是现金流，采用的模式是“项目组合”。在这类公司的眼中，所有的产品、所有的项目都只是工具。这类公司的关注点有两个：一是找到一个能够“快速增加流量”“快速建设渠道”的项目，并以“获取流量、建立渠道”为主要战略目标；二是快速找到下一个“增流量、建渠道”的项目，再次赚取利润，如微商、社群电商等。

第三类公司，以用户为中心，既不追求利润最大化，也不追求现金流最大化，追求的是公司市值最大化，采用“加大投资与加大融资”的方式，以求快速、高效地获取用户。在这类公司的眼中，“得用户者得天下”。这类公司又称为“未来型企业”。未来型企业会为了获取庞大的用户数，不惜投入重金。几乎所有的互联网公司都是未来型企业，如滴滴打车、京东、腾讯、阿里巴巴、百度等。

周 导 现 场

以上三种类型的企业，表面上看是赚钱的工具不同，

——实际上是赚钱的逻辑不同。

所有企业存在的基础都是盈利，从外部市场环境来看，当行业周期从暴利期转向微利期甚至无利期时，你的企业因为缺乏新的商业模式，而导致人力、物力、财力等核心资源无法聚焦到高杠杆作用区域时，你必须想方设法将盈利模式从“正向盈利”转向“逆向盈利”。

那什么是逆向盈利模式呢？简单地说，就是能够跨越行业周期，实现连续性盈利、可持续性盈利的方式。逆向盈利不是一个概念这么简单，它是一套有超强逻辑性的系统。

传统企业的老板，是产品专家；

新型企业的老板，是模式专家；

未来企业的老板，是资本专家、用户体验专家。

卖杯子的，都在研究这个杯子怎么卖，都在说我家杯子的质量如何如何好，可是就是卖不掉！

卖按摩椅的，都在说按摩椅的功能如何强大，按摩如何舒服，可是就是卖不掉！

卖化妆品的，都在说自己的护肤品能让人永葆青春、明艳动人，可是就是卖不掉！

…… ……

这时，我们需要重构一套全新的商业模式实现企业盈利。

模式

从铁三角到金三角——从以产品为中心重构为以模式为中心

如果企业还想保有一定的市场竞争优势、获取利润，再严肃一点说，企业还想生存下去，赚钱的工具和逻辑就都要改变。即从过去以产品为中心的思维过渡到以模式为中心的思维；从“正向盈利”模式发展到“逆向盈利”模式。而在未来，最理想的模式是靠用户量和渠道实现盈利。

在正向盈利的赚钱逻辑或路径中，大多数企业认为只要做好产品，管理好员工，营销好外部市场，就可以实现盈利。这种赚钱逻辑在暴利期是没有问题的。但是在当下，大部分行业已经进入微利或无利期，仅是“做好产品、管好员工、营销好市场”，这已经是企业的标配。

对过去的传统企业来说，大部分企业是主要以产品为中心，追求收入最高即抓市场营销，降低成本即抓企业管理，这些内容作为企业的标配是必须做好的基础，也构成了一个“铁三角”。这个铁三角的三个元素做得越好，企业发展就越稳妥，但是企业在这里做得再好，还是没有解决盈利模式的问题，即赚钱的问题。

对今天的传统企业来说，真正可以帮助企业盈利的是模式，还有融资和招商两条通路，由“模式、融资和招商”三个元素构成了“金三角”。企业建立了自己的“金三角”，就是通过建立渠道和获取用户来实现盈利；做融资就是将人才和资源融到企业中来；做招商就是招有渠道或用户的人合作。

如果说过去的竞争对手是低段位的，今天的竞争对手就是中段位，因此你现在需要提升一个段位。**从“以产品为中心，以管理和营销为手段”**的传统正向盈利的铁三角，提升到“**以模式为中心，以融资和招商为手段”**的逆向盈利的金三角，才能使企业在市场中获得持续有效的竞争优势。

这个时代，产品慢慢供应大于需求，稀缺的不再是产品，而是一套好的商业模式。或者说，这个时代，最紧俏的商品就是一套好的商业模式，它可以让你用最少的投资，甚至不投资，用很少的员工，甚至没有员工，就可以快速地把一家公司做大、做强，迅速赚钱。

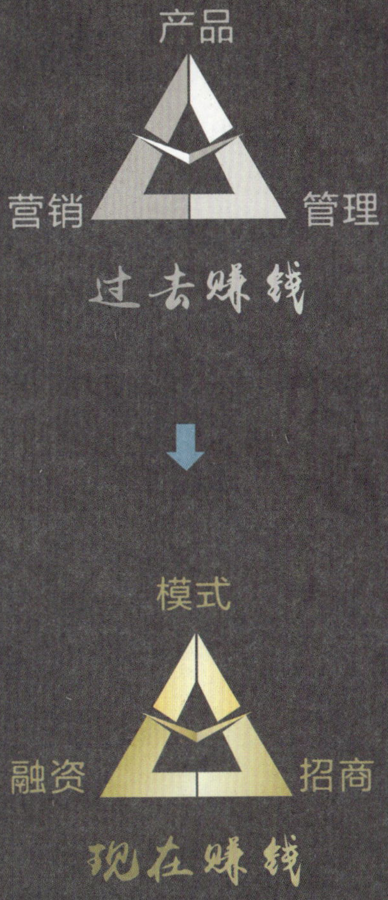

周导如是说，

起点决定终点 出生决定一生
布局决定全局 开局决定结局

今天的成功源于昨天的布局
今天的布局造就明天的辉煌

即使你错过了
生产产品的制造业红利期

即使你错过了
连锁加盟的服务业红利期

即使你错过了
电子商务的互联网红利期

即使你错过了
移动互联网的微商红利期

用逆向盈利的方式
所有的行业也可以重构一次

Refactoring Profit Thinking

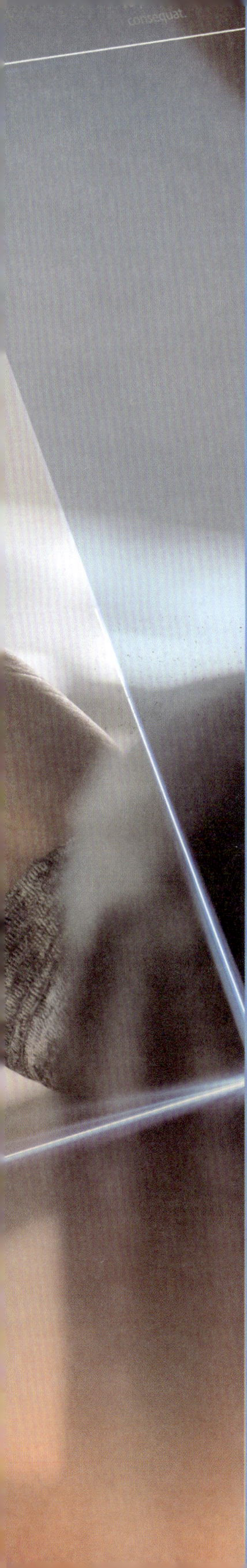

第二篇

重构 盈利思维篇

周 导 现 场

从两类公司到思维重构

当今经济形势下，企业老板要有两类公司的思维意识。

一类是以产品为中心的公司，注重产品研发与创新，产品自营卖给客户，

书中代称为传统公司；

另一类是以模式为中心的公司，产品是卖给渠道和股东的，

书中代称为新型公司。

两类公司的盈利思维模式是截然不同的，做事的人也是截然不同的。**传统公司做产品，为新型公司供货。新型公司则设计一套好的模式，以吸引更多的股东和渠道商。**例如，神州租车负责为用户提供服务，是以产品为中心的公司，神州专车负责获取用户，是以模式为中心的公司，这就是两类公司的结构。

作为企业老板，应该研究一下如何跳出传统公司而发展成为一家新型公司。在今天，盈利模式、盈利思维已经发生了巨大的变化。

要重构商业模式才能创造一家新型公司。首先要重构的是**盈利思维。**

首先我有两个问题想与大家共同探讨一下：

① 我们以前的盈利思维是什么呢？

② 为什么大家喜欢投资呢？

我们以前的盈利思维：提高收入、降低成本、获得最大化利润、获取利润后加大投资以及扩张规模。即使利润率降低的情况下，大家也喜欢加大投资，主要原因就是为了实现企业的转型、升级，进而获得更多的利润。

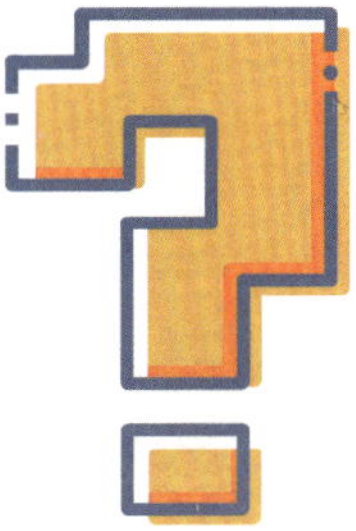

“

在过去，大多数企业赚钱的思维基本就是四大正向盈利思维（收入、成本、利润、投资），所以每一天研究来研究去，就是围绕着收入、成本、利润、投资四个方面下功夫。

大多数企业从来都不觉得这有错。这有错吗？这有错吗？原来是没错，但人人都这么想的时候，即使是对的也变成错的了。

”

不管你开工厂还是开门店，或者做批发，如果你的思维还停留在正向盈利思维里，你就会发现生意越来越难做。当今的经济形势下，需要企业老板重构盈利思维。

我们以逆向盈利模式为出发点，创新并提炼出了新的四大逆向盈利思维：

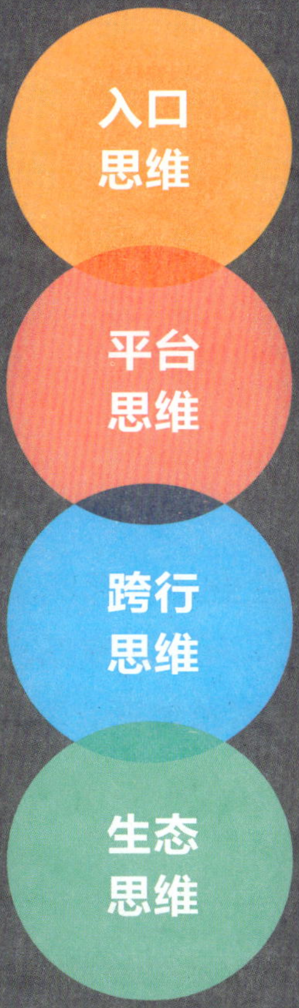

四大正向盈利思维与四大逆向盈利思维

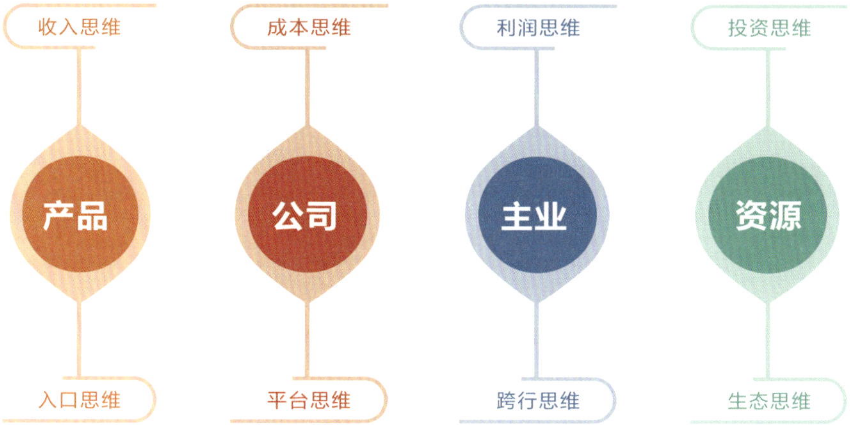

收入思维 ——→ 入口思维

周导现场

在谈到企业困境的时候，很多企业老板和高管会说：因为利润率不高，所以想赚钱赚不到。而利润率低、赚不到钱的背后主要有三个原因：客流量少、客单价低、客人来的次数少、而最重要的是客流量少。

一个店面每年租金 120 万元，而另外一个店面每年租金 10 万元；120 万元的店面供不应求，而 10 万元的店面一般会租不出去。为什么会一个租不到一个租不掉？你觉得原因在哪里呢？昂贵店面和便宜店面的核心差异在哪里呢？

客流量的多少和客流量的品质是影响店面租金最重要的因素。如果做生意的出发点是赚钱，那就是方向性的错误。如果做生意只谈如何赚钱，那么这个公司还是特别传统的公司，没有与这个时代的市场接轨。

大部分企业的正常思维是，做生意首先要有产品，然后想办法把产品卖掉，接着就产生了收入。收入减掉成本，得到的就是利润。如果成本控制得好，企业能有一个丰厚的利润。通常企业就会再接着加大投资→扩大规模→加大投资→扩大规模……让企业变大变强，赚更多利润。

大多数企业都是这样的思维逻辑，这就是收入思维逻辑。

但在今天，如果给做生意下一个定义的话，就是八个字：

“入口大战”

“流量比赛”

所以判断一个企业生意是好是坏，看他人多人少就知道了。只要一看都是人，干啥都能成；一看没有人，干啥都不成。以前企业天天研究的是怎么增加收入，告诉你，现在不是了。

你今天需要研究的是：怎么把入口扩大？

所有行业和公司，今天都得明白一件事情——得入口者得天下。

产品不是拿来赚钱的，产品是用来与客户进行链接的。

最值钱的公司是哪种类型的公司？

就是入口型的公司，

因为客流量在他们手上。

所以对于企业老板来说，今天你要转变的是：把每天思考提高收入转化到扩大入口上，并且越多越好。产品不是用来赚钱的，产品是用来扩大流量的。

所以你就要好好想一想，你的公司有没有可以建立庞大流量池的产品。

强强联合，京东、腾讯建设零售生态

2014 年 3 月 10 日，腾讯与京东联合宣布，腾讯入股京东，获京东 15% 的股份，成为其中一个重要股东。双方还签署了战略合作协议，其中，腾讯向京东提供微信和手机 QQ 客户端的一级入口位置及其他主要平台的支持。双方还将在在线支付服务方面进行合作。

2018 年数据显示，拥有 7 亿微信用户加上 8 亿 QQ 用户的腾讯社交帝国，通过为京东商城开放一级流量入口，为后者带来了巨大的流量和用户。而这也是京东电商交易额增速达到阿里巴巴两倍的因素之一。

2019 年，京东宣布与腾讯续签为期三年的战略合作协议。根据协议，腾讯将继续在其微信平台为京东提供位置突出的一级和二级入口，为京东带来流量支持。双方将继续在社交媒体服务、广告采买和会员服务等一系列领域继续展开合作。此战略合作将极大地提升用户的购物体验，触达更广泛的用户群体，并不断扩大京东在移动电商市场上的份额。

各行各业的入口：抖音、微信、培训、实体门店、旅游等。

成本思维 ⟶ 平台思维

只要开公司一定会有成本，能否将公司变成平台以降低成本呢？一旦将公司变成了平台，成本不需控制，就会自动下降。让我来举例说明原因。

开公司的思维路径（即加减法盈利）：

200 万元收入 −150 万元成本 =50 万元盈利，再通过营销手段，提高收入到 300 万元，但同时增加了投入，成本达到了 225 万元，最后盈利 75 万元。

做平台的思维路径（即乘除法盈利）：

与人合作某项目盈利 50 万元，自己只留下 10 万元，剩余的 40 万元全部分给合作伙伴，通过这种盈利分配方式和赚钱的通路，就可以再打动 100 人再跟你一起做这个项目，那么届时你将得到 10×100=1 000 万元的盈利。

帮助合作伙伴将盈利从 40 万元提升到 80 万元，那么合作伙伴也就从 100 人扩充到 1 000 人，盈利就提升到了 2 亿元。再从 2 亿元中拿出 1 亿元邀约 50 人成为合作伙伴，去服务之前的 1 000 人。从另外的 1 亿元中拿出 5 000 万元邀请 5 个人去管理之前的 50 人。最后你盈利了 5 000 万元，但只要管理 5 个人就可以了。

过去作为老板，为了企业能够生存和发展下去，每天都会思考这两个问题：

第一个问题，如何才能降低运营成本？
第二个问题，如何战胜竞争对手？

今天作为老板，为了能让企业突围，还应该思考另外两个问题：

第一个问题，如何帮你的竞争对手卖产品？
第二个问题，如何才能让竞争对手的员工也变成你的合作伙伴？

有没有办法可以做到？有，那就是做平台！
今天，你再也不要认为自己是一家公司，而是从起步开始，就要想到底应该搭建一个什么样的平台！

平台是一种思维，无关乎公司的规模。今天，你不要再去考虑如何控制成本，因为成本很难控制。如果想要一劳永逸不再思考成本问题，只能一开始就把成本外包或删除。把公司的成本外包或删除最有效的方法，是从一开始就把公司定义成为平台！通过平台建立的是公司的渠道。

“神州帝国”起步于神州租车

曾经的神州租车，所有的车都是自己购买，所有的员工和司机都是自己招聘，可是到了2014年，网约车兴起，导致的直接结果就是：客户不用租车了，直接在网约车 APP 上就能完成，而且不需要自己当司机。神州租车面对危机，试图用正向盈利思维解决问题。为了提高收入，神州租车通过投放大量的广告试图告诉客户，神州租车比网约车更便宜，投诉率更低。这样做是提高了收入，但是由于大量的广告投入，成本也随之增加。

所以说，很多成本都是披上了收入的外衣！神州租车的做法，体现了以下概念：重资产、重运营。因为神州租车的车是自己购买，代表着重资产；人员是自己招聘，代表着重运营。如果减少资产、削减人员或者降低工资，成本是省下来了，但是人也随之走光了。

怎么办？

How to do ?

神州公司在神州租车之外新成立了一家公司——神州专车。如果有用户在神州专车 APP 下单，神州租车的司机可以去接单。神州公司还把自己打造成一个平台，进行资源共享。当有一天它自己公司的车和司机接不过来单的时候，就可以大量招募社会上的车和司机完成客户订单。我们可以看到，神州公司经历这次危机以后，新获取的盈利增长点要比它原有的盈利增长点还要好。

阿里从未把京东当作竞争对手

阿里巴巴创始人马云和京东创始人刘强东有过一次精彩的对话，刘强东提到京东和阿里巴巴的竞争关系时，马云却说阿里巴巴跟京东谈不上竞争，因为阿里巴巴不是一家电子商务公司，而是一家帮助别人做电子商务的公司，他们的目标就是帮助别人创造更多的新型公司。

马云的这番话说出了京东和阿里巴巴的区别。阿里巴巴做的是平台，是一个帮助更多人创业的平台。而京东虽然对于京东上的商家来说也是一个平台，但是京东在产品上以自营为主，在物流上也是自建物流，所以相对于阿里巴巴来说更像是一个产品，而不是一个平台。

马云不是考虑自己的东西要怎么卖出去，而是考虑打造一个平台，让大家都可以把东西卖出去；他不是做一个快递公司，而是打造一个所有快递公司都可以使用的菜鸟网络；他不是自己做一个金融产品，而是做一个很多金融产品都可以嫁接上去的支付宝。这就是典型的平台思维。

不是我要赚钱，而是我能帮你赚钱。

现在做生意的渠道必须转变为一个帮扶型的渠道，一个利他型的渠道，一个平台型的渠道。

它要变成一个大众创业的平台，
变成一个员工创业的平台，
变成一个行业销货的平台；

变成一个各行各业商品流通的平台，
变成一个让消费者拥有更美好生活的平台，
从过去卖产品的方式变成平台的方式。

◁ ◀◁◀ 利润思维 ⟶ 跨行思维

利润不是非得从主营业务来，也可以跨行业盈利。过去思考的是主业盈利最大化，今天要思考的是本行业外还有没有更大的盈利。

给大家举个案例：

投资 50 万元的美容院，净赚 1 500 万元

一位老板投资 50 万元开了一家美容院，以前她是辛辛苦苦把自己的精力花在店里边，一年下来能够赚 50 万元 ~60 万元。后来她给了店长 40% 的股份，收了店长 5 万元的押金，把美容院管理的事情全部交给店长。

她将店内 30 位 A 类顾客列出来，只服务好这 30 位客户，并引进了新的高科技项目。这些项目都是不能在美容院做的。她跟 A 类顾客组成一个社群，分享日常的美食、旅行，但是在社群之上还有一个平台。

这位老板把自己的美容院当成了员工创业的一个平台，然后又把顾客当成了不断进行导流的一个平台，从美容行业赚得低利润，在其他医美行业赚得高利润，实现了跨行盈利。

在童装店卖水杯，月销售额 400 万元；在盒马鲜生卖快餐，每天人满为患；在宜家卖冰淇淋，月销几万支。这些都是跨行思维产生的盈利。

在这个时代，只要掌握了庞大的用户或者会员，有了渠道和用户，那么盈利就可以是跨行业、跨边界的。

昨天的生意

今天的生意

明天的生意

昨天的生意：把一个产品卖给一千个人

今天的生意：锁定一个人卖他一千次

明天的生意：锁定一个人卖他一千次，然后让每个人帮我找来一千人，再每个人卖他一千次

投资思维 ⟶ 生态思维

周导现场

正向盈利的第四个思维是投资思维，然而今天我们需要上升到逆向盈利的是生态思维。

所谓生态思维，就是考虑资源的问题，特别是利益时，能够综合考虑，考虑一个生态的生存和发展，考虑整体的合作共赢。

大多数企业在考虑投资时主要考虑一个问题，就是资源的问题。事实上需要考虑的是一个赚钱的公式：

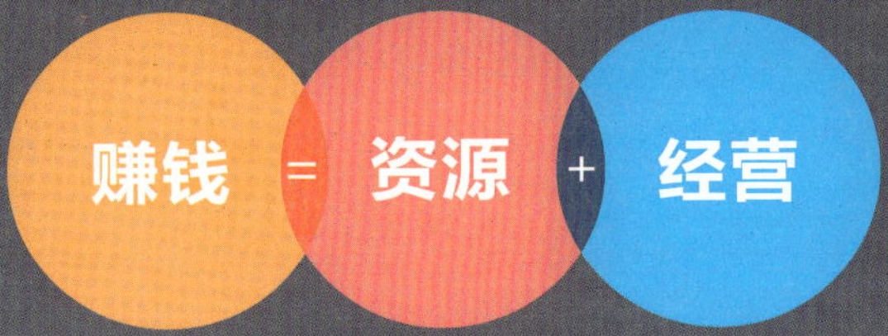

一个公司的领导者，应该有两个角色，一个叫董事长，一个叫总经理。董事长是负责资源整合的人；总经理是负责内部经营管理的人，通过经营管理使公司实现利润最大化。

董事长 + 总经理，是一个企业最基本的组织结构。一个公司之所以能挣钱，核心原因在于董事长做了资源整合的事，总经理做了经营管理的事！

“收入、成本、利润、投资”应该是总经理的思维结构，而董事长的思维结构应该是：入口思维、平台思维、跨行思维、生态思维。

而恰恰现在，很多董事长的思维结构已经沦为总经理的思维结构了，因此你最需要做的事情是进行资源整合。

什么是资源?

在当今时代，所有一切看得见的都是资源。比如，公司的优质产品。产品又要分类，比如哪些产品是引流产品，哪些产品是盈利产品。紧接着还得深入思考，公司有没有好的品牌，有没有好的项目，有没有优秀的人才，有没有好的渠道，有没有找到更忠诚的员工，所拥有的各种人脉资源、各种社会关系是什么样的。

董事长如何实现资源的有效累积?

首先投融资思维需要改正。
假如你有 1 000 万元，你就把 1 000 万元都投到了自己的公司，虽然自己拥有 100% 的股权，自己说了算，但是你的资源还仅是你自己的资源。

而生态思维的做法是，我的 1 000 万元，我拆分成 100 份，每份 10 万元；我公司所需的 1 000 万元也拆分成 100 份，每份 10 万元；我的 100 份投出去，我公司所需的100份融进来，就立刻可以和200个公司、200个团队、200 种模式、200 个项目发生关系。

今天的老板都是，我有钱投资别人，我公司要钱让别人来投。所以雷军的小米都是对外融资，自己有钱投别人，目的是——资源。

生态思维有两点：

1. **你如何投资，投给别人；**

2. **自己公司需要钱融资，融进来。这里的“资”是投资而非资金。**

周导现场

投资获得资源，融资获得资源。

不同的阶段，老板的定位也发生着变化。

定位定未来：

1.0

1.0 阶段的老板 = 产品

（如谭木匠、谭鸭血、老干妈、胖子烧烤）

多产品运作，以自己的姓或名字命名公司

2.0

2.0 阶段的老板 = 经理

经理
- **员工**
- **员工**
- **员工**
- **……**

多员工运作

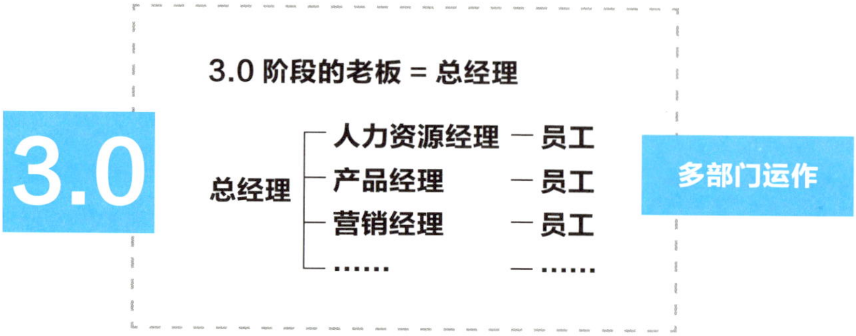

以上为产品稀缺阶段产生的老板。

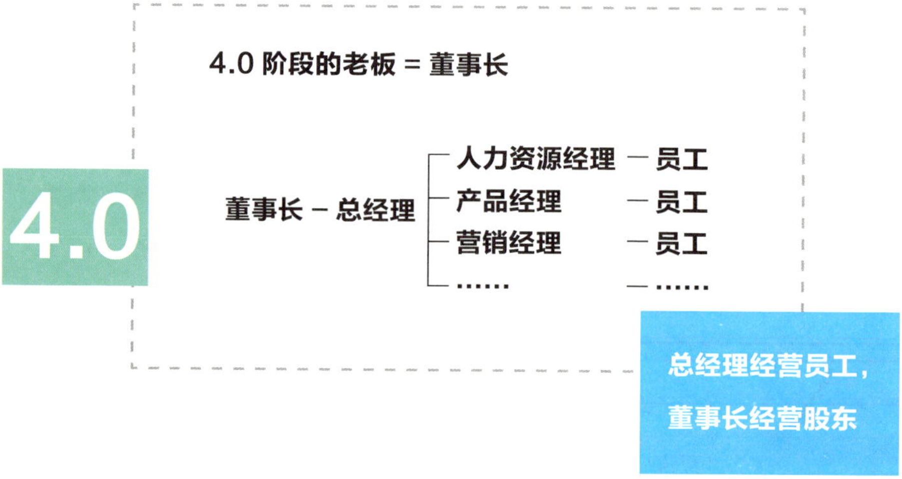

周导如是说，

所有的公司都应该有两个团队，总经理经营的员工团队，追求利润最大化；董事长经营的股东团队，追求现金流最大化和公司价值最大化。

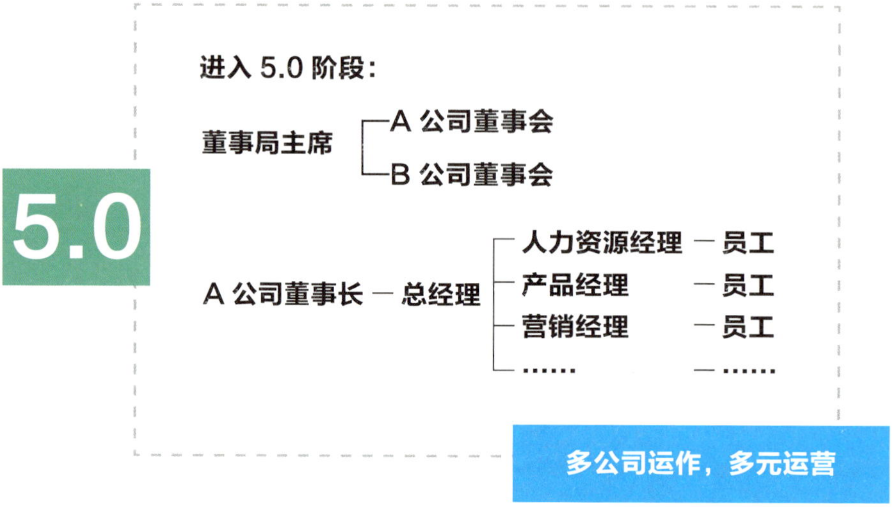

如果你发现赚钱的基本公式为“资源 + 运营”，你已经从投资的思维过渡到了生态思维。随着生意竞争越来越激烈，你需要通过“投资 + 融资”来进行生态化布局，使庞大的资源聚集。

昨天的太阳，晒不干今天的衣服。传统做生意都是基于你潜意识里觉得你的行业仍旧处于暴利期，因此没有从过去跳脱出来。今天你必须清醒地认知到：很多行业都进入了微利，甚至是无利期，不能带着暴利期的盈利思维来做今天的微利期，甚至无利期的生意。否则，昨天有多成功，未来就可能会有多失败！

所以，不同的时代，做生意要有不同的做法。企业老板应思考不同的组织架构和不同的盈利模式。

钱景规划

逆向盈利有一个非常重要的方向，我们把它称为“钱景规划”，也就是说，钱到底在哪里？大家过去都以为，钱在一个地方，叫消费市场。事实上，我们发现钱有三个市场：

第一个市场：消费市场

消费市场的主要特征是产品、服务和智慧。

第二个市场：创业市场

创业市场买卖的不是商品本身，而是一个赚钱的机会，所以设计一套商业模式，然后通过这个模式帮助别人赚到钱，其实就是今天最好的生意模式！根据数据统计，今天，全世界最好的创业市场就在中国，“一带一路”就是非常大的创业市场。

首先，我们要讲清楚一个问题：方向性的问题。

“方向就是消费市场，那么接下来你要思考的就不是做什么的问题，而是怎么做的问题。其实怎么做的问题，就是起点在哪里的问题。今天大多数的年轻人想创业，同时原来开工厂的、做门店的、搞批发的这样一群人，他们也要转行，所以就出现了蓬勃发展的一个创业市场。创业市场卖的是商机，微商寻求的就是商机。”

第三个市场：资本市场

在美国、日本和欧洲国家，几乎没有什么创业市场，越是发达的国家和地区，基本上普遍只有两大市场：资本市场、消费市场。资本市场买卖的商品不是我们所理解的货品，而是股权、资金等。所以发达国家的资本市场里做得好的公司，基本上直接垄断了消费市场。资本市场卖股权、公司、个人——未来有无限的想象空间。

未来最大的赚钱机会，不是在消费市场，而是在创业市场和资本市场。往小的方面讲，就是你要研究如何把手头的股权变成钱，把你做的这个事情设计成一套商业模式，然后把这个商业模式卖给别人，让别人能够赚到钱，这才是今天真正的最大的赚钱机会！

为了更清晰地说明创业市场的盈利空间，我们来给大家算一笔账：

假设你的公司估值 5 000 万元，那么你卖掉 20% 的股份，你就获得 1 000 万元。

再把你的公司拆分成五大子公司，每个子公司估值 1 000 万元，每个子公司也卖掉 20% 的股份，你就又获得 1 000 万元。

接下来把每个子公司拆成 10 个事业部，每个事业部估值 500 万元，每个事业部也卖掉 20% 的股份，你就又获得 1 000 万元。

接着可以把事业部按地域拆成 7 个大区 ，每个大区 500 万元，每个大区又卖掉 49% 的股份，你就又获得 1 715 万元。

在这个过程中，你要的钱来了，你要的人也来了（股东）。股东带来更多资源和市场。

那这些股东为什么要投资你的公司？就是公司要设计一套好的模式让股东赚钱。

在今天，什么生意是最好的生意？就是帮助别人赚钱的生意！所以，好的商业模式不是让自己多赚钱，而是让别人多赚钱。

商业的本质就是“买卖”二字，所有的生意归根结底就是有人买、有人卖。如果你把生意上升到一个模式，并且吸引很多人来买你的模式，通过你的模式去帮助他们创业，去赚到钱，那么就会有大量的人去帮助你卖产品，你的生意就可以快速做大、实现快速赚钱。

一家瑜伽馆的老板，过去每天都在研究她那个瑜伽馆如何做得更好，如何开更多的分店。经过学习逆向盈利后，她发现要用平台思维来做瑜伽馆，所以在一年不到的时间里，就从一个瑜伽馆扩张到全国 200 个瑜伽馆。

一家做汽车美容的老板，有天握着我的手说：“当现在每天很多钱呼啦呼啦地打到我账上的时候，我终于体会到什么叫‘打造项目成为企业银行，开启源源不断的现金流’。”他从学习逆向盈利到现在，运用在逆向盈利课堂上所学到的模式，不到一年半的时间，从最早拥有 2 个汽车美容店，已经变成了 500 个，并且拥有更多的用户和用户拓展的资源。

资本市场，往大的我不讲，往小处讲，就叫原始股。其实今天，市场已经帮我们教育好了一大群投资人。比如打开微信，我们经常会看到一篇文章，这篇文章主要讲的就是王刚。他当年向滴滴投了 70 万元，投给了滴滴程维。结果，那个 70 万元今天已经变成了 35 亿元！

你说，我看了以后会怎么想？我说，那 70 万元，我也有的啊！

所以今天，资本市场已经把我们培育好了，形成了“人无股权不富”的意识，并且已经成为人们的常识。

滴滴成功的起点

——70 万元投资

王刚曾在阿里巴巴任职超过十年，主管 B2B 北京大区支付宝商户事业部。

他和程维同在事业部共事多年，2012 年先后离开阿里巴巴，准备创业。他们刚开始都很天真，想做一个集团公司，但因为难度太大，融资也不顺利。王刚于是转变思路，决定支持曾经的兄弟当 CEO，出钱投资，程维就是其中一人。

滴滴是王刚的第一个投资项目，做打车软件的想法也是他和程维一起碰撞决定的。原因有三个：

1

在中国打车难，是大众主流刚需。

2

国外也有类似模式，当时英国打车应用 Hailo 刚刚拿到了融资，方向貌似可行，但不能完全拷贝。

3

随着移动互联网的到来，手机定位距离的属性变得越来越重要。

最终决定创业后，王刚出资 70 万元，程维出资 10 万元。程维从杭州回到北京，在 2012 年 5 月开始创业。在都没有创业经验的情况下，仅仅做了个勉强上线的产品，就一起去融资，目标是融资 500 万美元。

几个月后，金沙江创投合伙人朱啸虎通过微信找上门来，双方一拍即合，朱啸虎几乎答应了程维提出的所有条件，滴滴这才完成 A 轮融资。

7 年前滴滴还只是一个概念的时候，王刚投给了程维 70 万元，成了程维背后最坚定的支持者和军师。而 7 年前的 70 万元，如今回报远超 35 亿元！

一般情况下，天使投资的回报率不过十几二十倍，而滴滴的回报率高达 5 000 倍！进入天使投资领域不过 7 年，除了如今估值 1 889 亿元的滴滴，王刚还投资了 70 多家公司，以独特的眼光和商业逻辑帮助创业者，成功孵化了多个估值过亿美元的创业项目——运满满、典典养车、回家吃饭、赛维洗衣、学乐教育、OFO，投资横跨多个领域。

如果说四大逆向盈利思维改变了你原有的赚钱逻辑，两类公司明确了新型公司和传统公司的业务分工，那么，接下来，你就要重新设计你的目标。

你原有的目标是基于正向盈利思维的，比如你原来的目标定的是年增长 20%，这是简单目标管理。

今天你需要在四大逆向盈利思维的指导下，重新设定一个目标。那么你应该怎么重新设定目标呢？采用十倍增速法，就是原来你定 1 000 万元的年收入目标，现在你定 1 亿元的年收入目标。

所以，逆向盈利思维有赚钱增速一千倍的新方法，就是三年规划。首先将你的目标定下来，本来想着一年挣 200 万元的，现在请你在后面加个零。这时候，你会发现过去的套路都没用了。目标决定策略，所以呢，每年增长 10 倍，三年是不是 1 000 倍？

01

明确目标后，第一步，明确你的退休时间。

距离退休时间太远，你就会该做的事也做，不该做的事情也做，永远都不会有退休时间。没有退休时间是有问题的。你把退休时间定下来，就可以开始倒计时了。

所以北京开办奥运会，先把日期确定为 2008 年 8 月 8 日，所有的时间节点都往前倒推。比如说你设定的退休时间是三年以后，只要你退休时间一确定，那么你就开始专门挑有价值的事情去做了，没有价值的事情你就不想做了。乔布斯更极端，他是把每天都当成生命中的最后一天。说实话，这么高的标准，没几个人能够做到。但是，明确一个退休时间还是可以做到的。

02

第二步，给公司重新取个好名字。

为什么需要重新取名？取名字就是要思考你的事业。你想做哪个领域、什么行业，都重新设计，不要被原有的那个公司主体卡死了。

03

第三步，组建团队。

通过组建团队开始理清两件事情：第一件是人选问题，如果重新做一个公司，你想和谁一起做？第二件是股份计划怎么分。

04

第四步，资源盘点。

资源盘点就是把你所有的亲戚、同学、同乡等资源，整体做一下盘点。盘点完以后，分析谁手里有好的产品，谁有好的品牌，谁有好的项目，谁有好的渠道，谁有很强大的人脉资源，谁有资金，谁是人才。然后，你要研究如何把你盘点出来的所有周边的资源融合到你的新公司里去。

总结：首先，定一个目标，要够大、够有想象空间。接着是明确你的退休时间。有人问过我这个问题，他说那万一三年以后我又不想退了呢？我说你到时候不退就好了，但现在必须定三年。接着，把你周边的资源做一个盘点，最后融一帮人到你的新公司去。

所以，我总是说，我的学员人生会分为两个阶段——遇见周导之前和遇到周导之后。

因为我改变了你赚钱的方向和工作的方向，改变了你说话的方式，改变了你跟别人交往的模式。

事实上，我是把大家往这个方向引导——引导你如何做一个好的模式。

做一个好的模式，不是去研究消费市场后设计出来的，而是你要认识到你的钱在资本市场和创业市场。

所以我们认为，今天这个时代最重要的是，要从过去的正向盈利铁三角开始迈向逆向盈利金三角。

你只要还是一天到晚研究，怎么研发产品，怎么提升管理，怎么做好营销，挣钱就会很累。因为你的焦点还是会聚焦到一个地方，就是消费市场。更关键的是，消费市场这个战场，已经是一片红海、火海、血海。因为爆品是标配，模式是创新。

所以应该迈向以模式为中心的逆向盈利，然后一手抓融资，一手抓招商。

融资就叫资本市场，招商就叫创业市场，为什么我说模式只是标配呢？模式是通过一套模式设计，让你进行融资和招商！所以我们觉得模式只是基础，在今天这个时代，融资能力和招商能力才是老板最重要的能力！

在逆向盈利思维的指导下，如果进入“入口思维”，你会发现：从此以后，再也不用为客流量操心了。

如果进入“平台思维”，你会发现：你的员工从此以后再也不用你发工资了，是他们给你发工资。你的竞争对手和员工一样，可以帮你赚钱，你也可以帮竞争对手去卖产品，然后创造更庞大的现金流。你会发现：过去你公司的规模越大，投资额越大。可是进入“平台思维”你会发现：你公司的规模做多大，跟你的投资金额一点关系都没有。

如果进入“跨行思维”，你会发现：一个小小的美容院，总投资才 50 万元，居然一年可以赚 1 500 万元，靠什么？靠顾客去做个面膜？靠顾客去做个推拿按摩？怎么可能！事实上是，今天的美容院已经成为用户的一个聚集点，一个流量的入口，真正的盈利来自美容之外。

Refactoring
Profit
Model

第三篇

重构 盈利模式篇

“正向盈利”的实现路径：先选择产品，投入资本（开店 / 厂或扩大规模），通过提高收入、降低成本来实现最终利润的最大化。在前一篇，我们已经对企业的盈利思维从“逆向盈利”的角度进行了重构，在思维方式上我们已经达成共识。但是，经过多年对企业的调研和总结企业做解决方案的经验，在当下的微利或无利期，我们意识到对企业来说，最重要的不是选择行业，而是要对企业的盈利方式进行重构。企业进行盈利模式重构，可以从以下八种模式入手：

产品盈利、品牌盈利、模式盈利、系统盈利、资源盈利、收租盈利、金融盈利、生态盈利

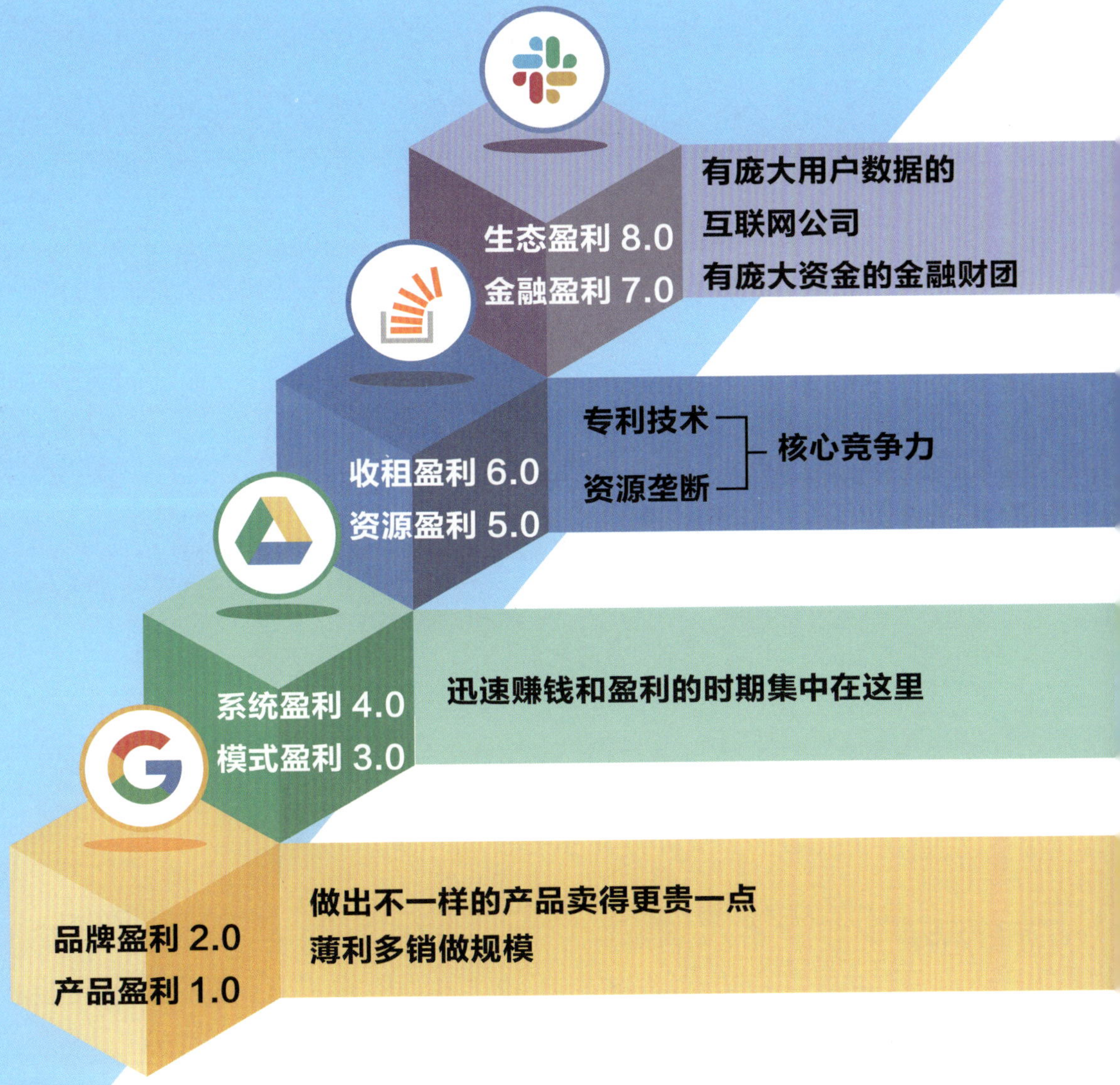
有庞大用户数据的
互联网公司
生态盈利 8.0
金融盈利 7.0
有庞大资金的金融财团
专利技术
资源垄断
核心竞争力
收租盈利 6.0
资源盈利 5.0
迅速赚钱和盈利的时期集中在这里
系统盈利 4.0
模式盈利 3.0
做出不一样的产品卖得更贵一点
薄利多销做规模
品牌盈利 2.0
产品盈利 1.0

周导现场

低成本高品质——产品盈利

“产品盈利”是适用不同时代的盈利模式，即低成本的盈利方式。

卖产品赚差价：收入 - 成本 = 利润

凡是靠产品赚钱的企业，不论是工厂制造、贸易流通、批发代理，还是实体店做终端销售，所采用的盈利方式都属于“产品盈利”。

用“产品盈利”模式赚钱的企业成功的秘诀只有一个，核心就是产品的成本（主要包括三类成本：固定成本、变动成本和人工成本）降到极致，价格尖叫，品质却最好。

多数人以为，产品价格过低，企业就没有利润空间，未来就没有发展。而我认为这是片面的。以沃尔玛、宜家、优衣库等品牌为例可以看到，价格降低并非就没有市场。

宜家：先设计价格，再设计产品

一个定价在 300 元左右的普通罐子在同样的外观和工艺条件下，宜家仅卖 68 元。宜家的墙上写着一句话：我们的设计师先设计价格，再设计产品。在我看来，这就是高手。传统的思维都是先做出产品，再根据产品的成本定价，而宜家却是根据人们的消费能力，先设计价格，再根据价格设计人们需要的产品。为了使自己的产品在价格上具有竞争力，宜家可谓想尽一切办法去减少制造成本和经营成本。比如，集中设计、全球采购；在当地委托加工以减少物流成本；商城选址一般位于城市郊区，而且设有较大的停车场；采用仓储式的装修，讲究清洁、干净、有条不紊，而且不奢华；通过信息化减少人力资源成本，通过专业化把物流与售后服务外包；全球化地规模化供应。

价格亲民、设计时尚，让优衣库成为世界服装大王

一般看来，服装服饰分为两种：一种是超一流品牌，品牌非常好，价格非常贵；另外一种就是没有什么品牌，很便宜，质量也不好，两极分化很严重。

优衣库的总裁柳井正说：我就想做中间部分，价格比较便宜、质量和品质非常好。现在很多竞争对手也强调说，我们也拥有非常好的质量，价格也非常低廉，但是真正做到这一点的只有优衣库。优衣库的服装很多是在中国生产的，业界的平均次品率一般是 2%~3%，优衣库则要求工厂把次品率降到 0.3%。而且，优衣库评定次品的规则非常严格。什么是次品？比如在 T 恤的表面，就算只有一根 0.5 毫米的线头，也算次品。

优衣库的衣服价格比较便宜，但是产品的品质却非常好。同样一件 POLO 衫，购买某品牌的要 600 多元，但优衣库的却只要 129 元，遇上打折促销，99 元就能买到。而优衣库的衣服质量也非常好，穿一夏天一点儿也不会变形。
这一切的背后是该服饰企业具有强大的成本管理能力和超强的品控能力。

> 事实上，成本降低的背后考验的是企业管理的综合能力，能够把成本降到最低，又保证品质，就是企业管理综合能力的最好体现！

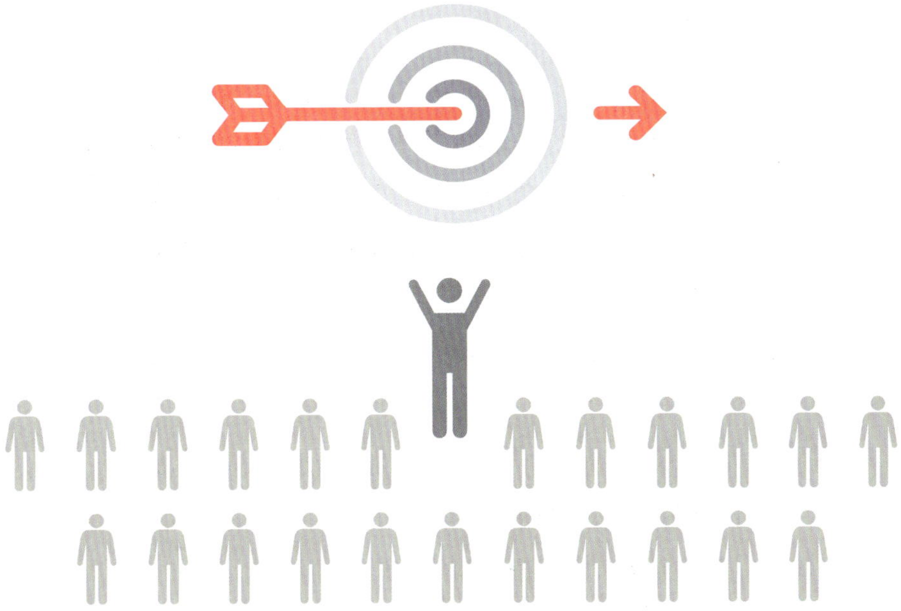

产品盈利的核心是降低三种成本

第一种是固定成本（Fixed Cost） 主要是租金和设备。固定成本就是成本总额在一定时期和一定业务量范围内，不受业务量的增减变动影响而能保持不变的成本。通俗地说，固定成本就是不管生意好坏，都要支付的一笔钱。例如，工厂的土地、房租、机器设备等基础设施，以及办公室和门店的装修费用与租金等。

第二种是变动成本（Variable Cost） 主要是材料成本和其他费用。变动成本与固定成本相反，是指那些成本的总发生额在相关范围内，随着业务量的变动而呈现线性变动的成本。例如：①餐厅的食材。来餐厅消费的客人数量多，所消耗的食材就多；消费的客人数量少，食材用量也会随之减少。②工厂的用电量。在订单旺季时，工厂的用电量比淡季时多。

第三种是人工成本（Labour Cost） 主要包括职工工资总额、社会保险费用、职工福利费用、职工教育经费、劳动保护费用、职工住房费用和其他人工成本支出等。

2016 年，苹果手机最大的代工厂富士康为降低劳动力成本，在生产过程中引入机器人，削减了 54% 的工人数量，使工人数量从原来的 11 万减到 5 万。不仅如此，富士康的厂区还从中国搬到了印度，为什么？因为印度的人工成本低。富士康之所以这样做，无非是三个字：降成本。外迁工厂的人工成本从 5 000 元 / 月降低到 1 000 元 / 月。以一家有 10 000 人的工厂为例：

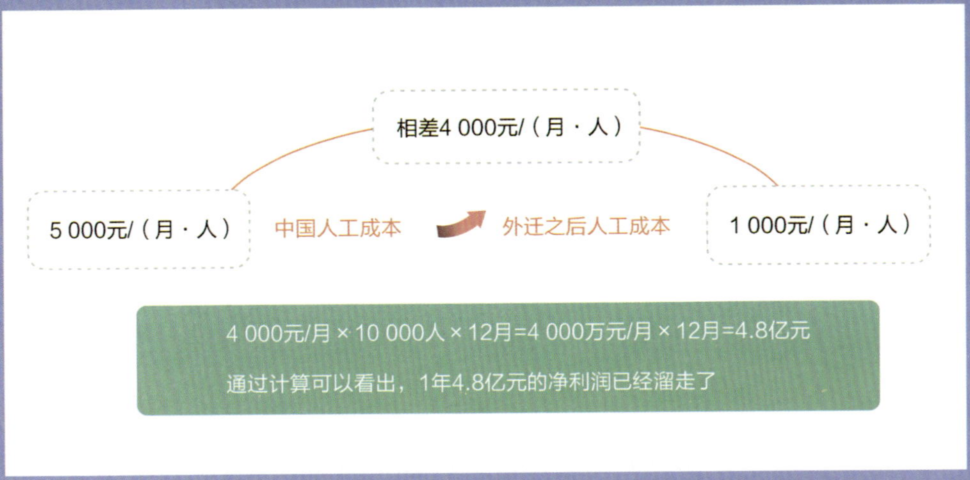

周导现场

提升附加值——品牌盈利

品牌附加值是**品牌**通过各种方式在产品的有形价值上附加的无形价值。无形价值与有形价值是同时存在的。它是在产品的**物质**功能基础之上建立起来的**消费者**的精神享受。在不考虑**品牌效应**的情况下，功能、质量相近的商品的有形价值是相近的。

品牌盈利即附加值盈利，卖的不只是产品本身，更多的是产品的品牌价值。

例如对于奢侈品牌，你愿意付出高价去购买的，其实是奢侈品牌的品牌价值而非产品本身。

周导如是说

品牌本身，就是独立的产品。真正会做品牌的人，品牌会越做越值钱。

做产品的人认为，能盈利的是产品；做品牌的人认为，能盈利的是品牌。

在当下，把产品做到极致是标配，真正的高手是把品牌塑造成让人们愿意为此付费，即提升了品牌的附加值。以下将介绍三种提升品牌附加值的方法：

第一种是提升功能附加值，
第二种是提升情感附加值，
第三种是提升精神和文化附加值。

功能附加值

功能附加值，即所赋予产品的功能属性之外的文化、个性、情感等。消费者耳熟能详的饮料王老吉、红牛等，之所以被熟知，是因为产品的功能属性被植入到消费者的心里。

“怕上火，喝王老吉”

前几年，我和朋友一起吃饭，如果有人推荐吃“川菜”，而我说“川菜太辣，容易上火”时，总会有一个声音冒出来：“怕上火，喝王老吉呀。”

一句话便让你哭笑不得，可见“王老吉”这个品牌的功能性已经深入人心！

下面借王老吉的案例剖析品牌盈利这个模式。王老吉的品牌打造经历了最初的尴尬、早期的瓶颈、中期的辉煌。

据说，王老吉凉茶起源于清朝道光年间（约1828年），创始人的小名叫王阿吉，后来由于年龄渐长，人们便叫他“王老吉”。由于岭南一带湿热，人们容易上火，王老吉就在门前支起一个凉茶铺子——“王老吉凉茶铺”。

王老吉凉茶被广药集团接管时，还没有品牌的概念，提出的口号也只是“中药凉茶”，但其味道略苦，口感不佳。在岭南地区，人们把它当作中药使用，认为只有病人才会喝，再加上该地区还有黄振龙、宝芝林等品牌的凉茶铺，这些凉茶铺售卖的凉茶、凉茶颗粒和自制凉茶配方，不论是在降火功能上还是在价格上，都比王老吉有优势。

面对竞争对手的围攻，王老吉开始走上了品牌的启蒙之路，它打出广告语：“健康家庭，永远相伴！”但是这个广告语和“三棵树”品牌的油漆广告语“三

棵树下，健康人家”非常接近。这也反映了当时很多企业对于品牌的认知程度：拼命放一些好词在广告语里，比如“环保、健康、绿色……”，企图适用于所有的消费者，而实际上消费者都不知道到底卖的是什么。

由于局限在“凉茶”这个概念上，尽管它的广告打得非常凶猛，销量却一直不温不火。后来经过调研发现，王老吉凉茶卖得最火的地方不是大型商超，而是川菜馆、湘菜馆。因为川菜、湘菜以辣为主，吃了容易上火，而凉茶正好可以降火。于是王老吉的定位从一款降火的中药凉茶变成一款预防上火的饮料。广告语也成为：“怕上火，喝王老吉！”王老吉品牌成功地植入了消费者的心里：**怕上火 = 王老吉。**

同时，王老吉将主打的渠道放在了餐厅门店，在店里的海报、冰柜、收银台，甚至牙签筒，都赫然覆盖着王老吉的标识。服务员同样穿着大红色的“王老吉马甲”，在潜移默化中给消费者输入：怕上火，喝王老吉！

凭借这句精准的广告语和一系列的营销策略，王老吉的年销售额在短短的几年里从 1 亿元跃升为 150 亿元。

“困了、累了喝红牛”

当你开车疲劳的时候，当你加班累了的时候，当你运动时感觉体力不支的时候，都会不约而同地想到一款功能饮料——红牛。就是因为红牛已经成功地将品牌“提神、抗疲劳”的功能塑造了出来。

情感附加值

提升品牌的情感附加值一般是把品牌与人类的情感联系起来，比如爱情、亲情、友情，把握消费者的心理。“钻石恒久远，一颗永流传”：把钻石与爱情联系起来，消费者买的不是钻石，而是恒久的爱情。“有家，有爱，有欧派”：把橱柜与温馨的家庭亲情联系起来。“喝杯清酒，交个朋友”：把清酒和交友联系了起来。

哈根达斯成为“爱”的代名词

有一天晚上，我带着妻儿去看电影。到电影院后妻子去买电影票，我带着孩子去买饮料，在买饮料的时候我看到了一幅巨大的海报上写着“爱她，就带她去吃哈根达斯”，于是我买了一瓶饮料另外花了 50 元买了一盒哈根达斯。我把哈根达斯拿给妻子，她拿到之后笑容非常灿烂，并羞涩地说道：“亲爱的，你对我真好。”于是我百感交集，怎么我只用了 50 元就让妻子觉得我对她真好呢？同时又引发了我的深刻思考：我发现，不是 50 元打动了妻子，是“爱她，就带她去吃哈根达斯”感动了妻子。所以哈根达斯卖的是一种情感，是人与人之间的一种爱。

“爱她，就带她去吃哈根达斯”

思考题：如果你是卖产品的，你会如何卖冰淇淋呢？

你会这样回答：我家的冰淇淋牛奶浓郁、分量加倍、价格低廉、味道可口，就是好吃！

**所以这不是卖品牌，
这还是卖产品的思维。**

品牌本身就是独立的产品。

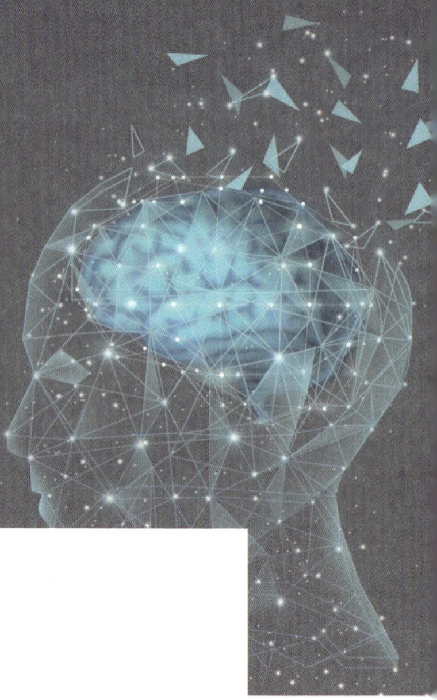

脑白金是“孝顺”和“面子”的表现

“今年过节不收礼，收礼只收脑白金。”脑白金同样卖的是情感——孝顺。它的功能是睡眠不好的人喝了之后可以睡得很好。如果它卖功能的话可以这样说：“喝了脑白金，早上闹钟叫了三遍都叫不醒。”

玫瑰花是“我爱你”的另一种表达

情人节为什么要送玫瑰花？是因为玫瑰花很漂亮吗？那为什么不送牡丹花，不送水仙花？因为别的花再美也没有用，玫瑰花身上被赋予了一种情感，它代表了热烈的爱情。如果你在情人节想来一次“逆向送花”，你选一束白色的菊花送给女朋友，迎来的可能是一巴掌。为什么？是因为菊花不漂亮吗？是因为菊花代表不了爱情，所以再美的花没有了情感价值，就是没有特定情境下的意义的。

精神和文化附加值

品牌诉求进入消费者的精神层面，将消费者心中原本就具有的奋斗精神、独立个性、广阔胸怀等品牌诉求在运动品牌和酒品牌上展现。例如，我们熟悉的路易·威登卖的是“尊贵”，耐克“just do it”卖的是“冠军”精神，而茅台卖的是“尊重”。

茅台是对“贵客”的尊重

茅台首开“文化酒”先河，经过多年不懈的努力，“茅台酒是文化酒，承载了丰富厚重的民族文化内涵”已被人们广泛认知。茅台的历史文化彰显品牌价值，质量文化确保品质第一，健康文化引领消费潮流，诚信文化树立良好形象，融合文化打造世界品牌，营销文化赢得市场认可，生态文化保护稀缺资源，创新文化推动持续跨越，责任文化体现快速发展。消费者对茅台有高度的品牌认知度，巩固了其民间口碑与品牌形象。所以当消费者用茅台招待客人的时候，代表了对客人的尊重和礼遇。

我的课程要实现品牌盈利，可以套用下面的公式：

标配： 我把课讲得很好，很精彩；

功能： 听过我的课之后，打开了企业的盈利思维，找到了企业的盈利模式，提高了企业的利润；

情感： 经过三四天的课程接触之后，你觉得我这个人非常好，像多年的老朋友一样；

精神： 课程结束之后，你愿意帮扶更多人去共同创造一套盈利模式，成人达己。

周导现场

把“看得见”的钱分掉——模式盈利

模式盈利又称为“隐性盈利”，通俗地说，就是把“看得见”的钱分掉，赚背后“看不见”的钱。

我买的不是电视，我买的是小米“POS 机”

一年前，我家想买台电视，我可以选择三种品牌，分别是三星、长虹和小米，它们的价格分别是 9 000 元、5 000 元和 3 999 元。综合对比之后，我选择购买性价比最高的小米电视——4K、高清、家庭影院。

买回来后，我打开电视，发现里面有很多电影，我就跟我的妻子说，这么多电影，一年能省很多电影票啊！话音刚落，一部电影《复仇者联盟》被推荐给我，上面显示着免费观看 5 分钟。5 分钟之后，果然跳出这样一行字“如果继续观看，请先成为会员”。这个时候我是看还是不看呢？我选择了继续观看，但是我需要支付 15 元的会员费。扫码付款之后，我恍然大悟：我买回来的不是小米电视，是小米的“POS 机”。为什么？因为过了几天，我的妻子和孩子分别支付了 15 元，我们三人一共支付了 45 元。我来算一笔账：

（15 元 +15 元 +15 元）× 12 个月 =540 元

先通过不赚钱或赚取很少的钱与大量用户产生链接，然后通过提供增值服务、收费软件和配件等方式来实现盈利。

小米为什么能把价格压到出厂价那么低，因为它不是靠电视赢利，而是用电视与消费者产生链接，小米在配套产品和增值服务层面获得了盈利。可以说，小米由硬件延伸到以软件、服务来赢利，不再依靠硬件来赚取利润，即采用“Free+Premium”的模式：先通过不赚钱或赚取很少的钱留住大量用户，然后通过提供增值服务、收费软件和配件等方式来变现。这就是“隐性盈利”模式。

把“看得见”的钱都分掉，

赚背后“看不见”的钱。

所以互联网公司认为，

产品不是用来赚钱的，

是用来与用户产生

链接的。

周 导 现 场

很多人会问，究竟什么是模式，模式的盈利路径是什么？下面通过一个案例来讲解。

小乙请我帮他做一份融资方案，目标融资 1 亿元，计划开 200 家面包店，平均每家店的投资金额为 50 万元。

1 亿元融资 =200 家店 ×50 万元投资 / 家店

目前，他已经开了 10 家店，生意最好的投入 30 万元，每年盈利 80 万元，生意最差的投入 500 万元，每年 0 盈利。他向我提出一个疑问，他觉得投资大小跟盈利多少好像没有太大关系？**在我看来，投资大小跟盈利多少没有任何关系！**

我觉得他既然有一家投入 30 万元盈利 80 万元的店做样板，为何不做加盟呢？他坚定地只开直营店，管理好了可以一辈子资金不愁，但是开加盟店后，不能很好地管理，只赚了现钱，担心影响以后的口碑和品质。

我推荐他可以用麦当劳的模式，即直管模式（用直营的方式管理加盟店）：在投资方面应用加盟的模式，在管理运营上应用直营的方式。

我帮他列出下列公式来计算他采用模式盈利的收益：

① 200 家店 × 收取 5 万元加盟费（按每家店 50 万元投入）=1 000 万元（加盟费）

这里的投资人是加盟面包店的人，他可能在银行上班，可能做托管，他只管投资，称为小甲。

② 200 家店 ×300 万元（每家店每年营业额）×5%（小乙的管理费）=6 亿元营业额 ×5%=3 000 万元

小甲只管投资，小乙负责管理，因为是直营管理模式，所以收取 5% 的管理费。

③ 6 亿元营业额（每年 200 家店的）×40%（材料成本）×20%（小乙成为经销商的利润率）=2.4 亿元 ×20%=4 800 万元

小乙将一个面包卖 6 元，采购成本占 40%，即 2.4 元，而且是通过经销商采购。如果他直接向厂家采购，自己做经销商，把材料批发给 200 家店，那么经销商 20%~30% 的利润率就是小乙的。

④ 200 家店 ×25 万元营业额 / 月 =5 000 万元营业额（支付周期时间外的）

小乙的员工工资是次月 15 日发放，即 1 月 1 日 ~1 月 31 日的工资是 2 月 15 日发放，股东分红是 2 月 18 日，与供应商结账周期是 1~2 个月，甚至是 2~3 个月，在支付周期以外时间所产生的营业额均由总部统一管理。

投资的 50 万元由别人来负担，所有的营业额进入小乙的账户，工资周期 30 天，分红周期 30 天，结账周期 30~60 天，这等于开了一家储蓄所。

所以面包店已经不再是面包店，已经成为面包银行。

若用④里的 5 000 万元去做投资，收益是 20%，又可以得到 1 000 万元。

用模式来盈利，从原来融资 / 借款 1 亿元，变为直接收获 1 亿元的收益。

所以从上面的案例可以看出，用模式来盈利，从原来融资 / 借款 1 亿元，变为直接获得 1 亿元的收益。用原有模式就会出现这种现象。

假设小乙融资 / 借款 1 亿元

开设 200 家店

①暴利期

因为扩张规模资金短缺，再融资 / 借款 2.5 亿元

500 家店

②微利期

因为扩张规模资金短缺，再融资 / 借款 10 亿元

2 000 家店

③无利期

上个时代可以因为一个产品开一家公司，这个时代的核心逻辑总结为八个字：

没有模式，不开公司

我认为这个时代已经过了产品和品牌的红利期，是新商业模式和系统盈利的红利期。

做产品的人认为，
能让人们赚钱的是产品；
做品牌的人认为，
能让人们赚钱的是品牌，
因为品牌本身就是独立的产品；
做模式的人认为，
能让人们赚钱的是模式，
因为模式本身就是独立的产品。

庞大的用户成就阿里巴巴的盈利模式

西雅图的车厘子最好但是卖得不是很好，放在淘宝平台上，没有几分钟就被抢光了；阿拉斯加的蟹最好但是卖得不是很好，放在淘宝平台上，没有几分钟就被抢光了；菲律宾的香蕉最好但是卖得不好，放在淘宝平台上，没有几分钟就被抢光了；泰国的榴莲最好但是卖得不好，放在淘宝平台上，几分钟就又被抢光了……

思考题：淘宝平台有什么？

答案：淘宝平台有强大的 10 亿用户。

所以模式不是用来卖产品的套路，而是获取用户的整体解决方案。

在未来，你不但能通过模式获得用户和渠道，还能获得庞大的用户数据，即所有用户的行为习惯。互联网公司就是如此。未来做产品的公司可能是在为做模式的公司打工，成为模式公司的供应商。

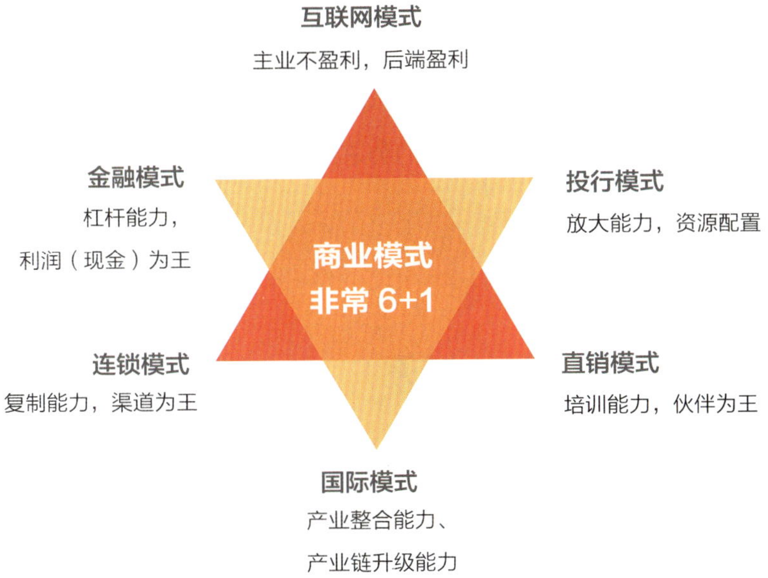

互联网模式——主业不盈利，后端盈利

周 导 现 场

互联网模式的核心是主业不是拿来盈利的而是拿来投资的，即在前端获得庞大的用户数，在后端通过广告、游戏和电子商务等来盈利。

以杀毒软件公司为例，一位企业家投资了 2 000 万元用 2 年的时间研发出一款杀毒软件，该杀毒软件定价 100 元 / 套，成功卖掉了 200 万套，实现了 2 亿元的销售收入。该公司的营销收入计算公式如下：

100元/套 ×200万套=2亿元
- 分给分销商、代理商1亿元
- 剩余1亿元
  - 2 000万元广告等投入
  - 4 000万元税收和人工工资
  - 剩下4 000万元

大部人觉得，投资2 000万元用2年时间收益4 000万元的盈利方式是正常的。但是在互联网公司，他们会采用另外一种盈利方式——主业不盈利，后端盈利。

360杀毒软件背后的价值

360公司做了一款永久免费的杀毒软件，使金山、卡巴斯基、瑞星、江宁等公司纷纷陷入危机。既然软件不收费了，企业用什么盈利?

使用免费杀毒软件之后，有一天你在使用计算机的时候，突然出现一个弹窗广告，显示着："特步，非一般的感觉。"在1亿台计算机上有1 000万人点击了弹窗广告，每有一个人点开，360公司就向特步收取0.1元的点击费用：

1 000万人 ×0.1元/人=100万元**（广告收益——互联网模式的第一种盈利方式）**

某天，弹窗广告又提示一款超火爆的游戏，假设1 000万人中有100万人点击了弹窗广告，玩游戏的人中，有的人消费 0 元，有的人消费 100 元，假设平均每人消费 1 元：

100 万人 ×1 元 / 人 =100 万元（**游戏收益——互联网模式的第二种盈利方式**）

玩游戏的过程中又出现一个弹窗广告：凡客帆布鞋只要 49 元一双。点击弹窗直达凡客诚品网站，看到琳琅满目、性价比高的产品，消费了 1 000 元。在这 1 000 元中，凡客诚品与 360 按照一定比例分配，假设 360 被分配了人均 1 元：

100 万人 ×1 元 / 人 =100 万元（**电子商务收益——互联网模式的第三种盈利方式**）

时下最流行的手机软件 APP，如微信、抖音、小红书、墨迹天气、美图秀秀等，都是通过这种路径获取盈利的：消费者免费使用工具（软件）→广告收益 / 游戏收益 / 电子商务收益。

周导现场

连锁模式——复制能力，渠道为王

连锁经营是一种商业组织形式和经营制度，是指经营同类商品或服务的若干家企业，以一定的形式组成一个联合体，在整体规划下进行专业化分工，并在分工的基础上实施集中化管理，把独立的经营活动组合成整体的规模经营，从而实现规模效益的一种经营模式。

做连锁模式的人认为让自己赚钱的不是产品，而是渠道。
传统做连锁的人认为，最重要的是样板。
而我认为，连锁最重要的是复制能力。为什么呢？下面用绝味鸭脖的案例进行剖析。

思考题：绝味鸭脖上市市值最高 200 亿元，是因为它的鸭脖最好吃吗？

答案：是因为绝味鸭脖用连锁模式建立了渠道。

所有的模式行不行只有两个问题：
你有庞大的用户数吗？
你有庞大的渠道数吗？

绝味鸭脖火速遍布全国 1 万 + 家店的秘密

绝味鸭脖的成功起源于设计了一套成功的连锁模式，并快速复制到全国。

绝味鸭脖采取“一个市场、一个生产基地、一条配送链”的生产经营模式，通过“以直营连锁为引导、加盟连锁为主体”的方式进行标准化的门店运营管理，绝味门店总数超过 1 万家。绝味已发展成全国最大的休闲卤制食品连锁专卖网络和生产体系之一，为全国鸭脖连锁领导品牌，推动食品餐饮行业的创新与发展。所以绝味鸭脖的市值不在于鸭脖而在于 1 万家门店和强大的复制能力。

名创优品刮起时尚休闲前沿市场的“生活优品消费”之风

名创模式的加盟核心在于“速度和整合”。最快的速度莫过于直接收割既有的业态，其通过一套新的合作商模式，通过代运营，让加盟商既省去经营的烦恼，又获取稳定的收益，直接收割了李宁、美特斯邦威、361° 等“低纬度”的商业加盟模式。同时，通过品牌背书、高效的商业模式整合了供应商、合作商及消费者，实现快速扩张，并具有战略视野地进行全球化推广。由于商业模式的可复制性和全世界人民对优质低价产品的共同需求，加之产品属性简单，涉及专利和售后问题较容易处理，名创快速开启国际化，目前已经遍布全球 50 多个国家，海外店铺在 600 家以上，成为中国企业全球化的典范。任何一块石头如果放在平面则只是一块石头，只有放到山上滚落下去才会有“雷霆万钧”的势能，所以名创优品的成功在于它充分把握消费升级和全球化两大红利，给自己增加了势能。

好利来把生活品质复制给每一位消费者，成为传递感情的首选品牌

好利来的核心业务之一就是饼店连锁系统：以连锁店的形式，主营生日蛋糕、中式糕点、面包等产品。已在全国80多个大中城市开设了近千家连锁店，成为国内焙烤行业领军企业。好利来也成为人们提升生活品质和传递情感的首选品牌。无论人们身在何处，随时都能享受到健康美味的食品与优质服务，以及由此带来的快乐感受。

民族服装的自主品牌，市值600亿元的海澜之家

海澜之家对每一家门店都实行全国统一连锁经营管理，做到了既“连”又“锁”：“连”住了品牌，“连”住了形象，“连”住了服务，也“锁”住了管理。公司的每个部门都能按照标准化的业务流程为门店服务，标准化成为海澜之家门店“拷贝不走样”的保证。“海澜之家”以连锁经营、统一形象、大规模的营销模式获得中国服装品牌年度大奖——“潜力大奖”，这是继“营销大奖”之后，海澜之家再次得到全国服装行业的认可。

周导现场

直销模式——培训能力，伙伴为王

直销公司最厉害之处不是制度，而是培训能力，即把一个消费者成功培训成为一个推广员。每一家直销公司都是非常强大的培训公司，培训内容主要包括盈利模式、企业文化和产品三个方面。

模式

传统的销售模式是由总代、省代、个代再到消费者。

直销模式，即砍掉中间所有环节，将省下来的钱分给帮助分享和传播的人。

这种模式的逻辑就是既能自己省钱，又可以分享赚钱。

文化

传统的销售文化是竞争激烈，奋发图强，追涨利润。

直销模式的文化是家人和爱人的文化，帮助他人的文化，

即用产品帮助他人赚钱。

产品

传统的销售模式是产品多而全。

直销模式主要集中在打造多个爆品。

社交圈里最懂女人的电商——达令家

达令家是以互动为核心的新电商品牌，通过优化消费品产业链和自营模式，探索女性新零售购物体验。达令家在新媒体各大平台和社群内将“创业店主”这一角色打造得非常成功，使很多人将此作为副业，这也是达令家招募“店主”的核心——获取用户。再加之达令家改变了很多用户的购物习惯——通常情况下很多人宁愿多花些钱购买进口货物，也不从网上购买国货，而达令家不仅消除了用户对于国货的不信任感，更掀起了一阵新国货热，并严格把控产品的来源、运输及品质。

以电话车险为突破口，开创中国保险官方直销的先河——平安汽车保险

2007 年，平安公司开始以电话车险为突破口，开创中国保险官方直销的先河，销售额连续 3 年增长超过 100%，在车险总保费中占比从 2007 年的 4.4% 增至 2009 年的 14.4%，并且 2009 年平安公司的电话车险率先实现了 1.5% 的盈利，宣告车险的电子商务模式在中国获得成功，而这一经验也迅速被全行业所借鉴。

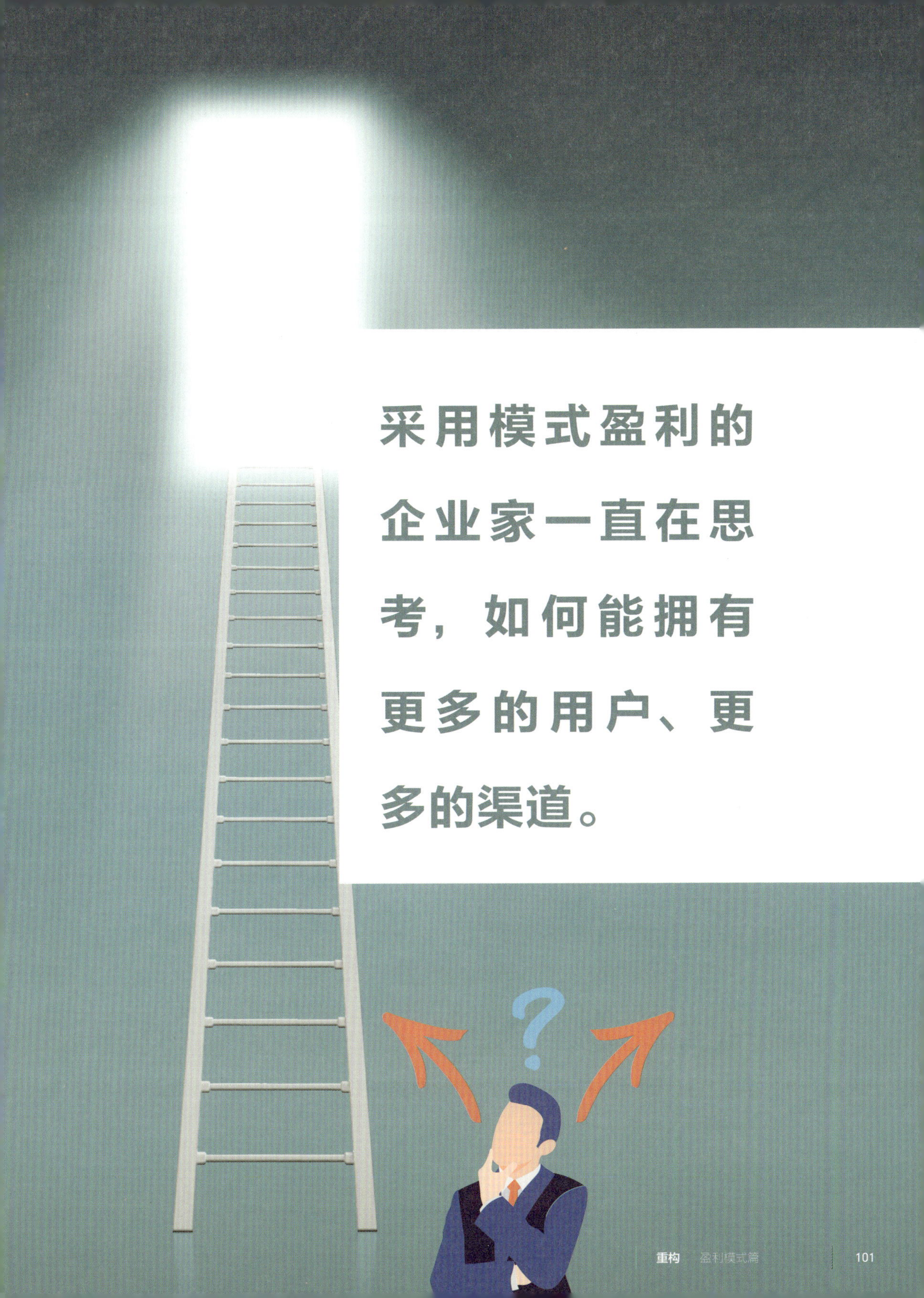

采用模式盈利的企业家一直在思考，如何能拥有更多的用户、更多的渠道。

金融模式——杠杆能力，利润（现金）为王

金融模式，核心是杠杆能力，说得通俗一些，就是可将 100 万元变成 1 亿元去使用。如支付宝和微信红包，在大力发展 2C（to consumer）的互联网支付的同时，在 2B(to business) 端可以展开银行卡收单业务，甚至在积累了一定的交易数据及对数据进行开发并获取数据的增值收益。

支付宝简单、快速、安全的支付解决方案

支付宝（中国）网络技术有限公司是国内的第三方支付平台，致力于提供“简单、安全、快速”的支付解决方案。它的主要盈利模式：①消费者使用支付宝实现网上购物是实时付款，而支付宝支付给网店的货款则是按照周甚至月度在结算。假如按平均结算周期为半个月计算，沉淀资金将高达 60 亿元，支付宝的账户上随时都会有超过 60 亿元的资金供支付宝使用，每年的利息收入也将超过 2 亿元。②服务佣金。目前第三方支付企业首先和银行签协议，确定给银行缴纳的手续费率；然后，第三方支付平台根据这个费率，加上自己的毛利润（即服务佣金），向客户收取费用。③广告收入。支付宝主页上发布的广告针对性强，包括横幅广告、按钮广告、插页广告等。④其他金融增值性服务。例如代买机票、火车票和电影票，代送礼品，理财等。

支付宝通过以上盈利方式获得的收益还可以继续投资更多领域，这样资金不但流动起来，而且可以撬动更多的行业发展。

投行模式——放大能力，资源配置

投行模式的核心是放大能力，懂得资源配置。

即企业只有 1 000 万元资金，可以升值为 3 亿元，甚至 5 亿元。这里，股权就是核心中的核心。

天使投资的正确选择

天使投资是权益资本投资的一种形式，是指具有一定净财富的人士，对具有巨大发展潜力的高风险的初创企业进行早期的直接投资，属于自发而分散的民间投资方式。这些进行投资的人士被称为“投资天使”，用于投资的资本称为“天使资本”。天使投资是风险投资的先锋。当创业设想还停留在创业者的笔记本上或脑海中时，风险投资很难眷顾它们。此时，一些个体投资人如同双肩插上翅膀的天使，飞来飞去地为这些企业“接生”。投资专家有个比喻：对一个学生投资，风险投资公司着眼于大学生，机构投资商青睐中学生，而天使投资者则培育萌芽阶段的小学生。对于个体天使投资人来说，由于很多人除投资人的身份外，还有本职工作，他们会遇到以下几个问题：项目来源渠道少，项目数量有限；个人资金实力有限，难以分散投资；时间有限，难以承担尽职调查等烦琐

的工作；投资经验和知识缺乏，投资失败率高。于是，一些天使投资人组织起来，组成 Cye 天使俱乐部、天使联盟或天使投资协会，每家有几十位天使投资人，可以汇集项目来源，定期交流和评估，成员之间可以分享行业经验和投资经验。对于合适的项目，有兴趣的成员可以按照各自的时间和经验，分配尽职调查工作，并可以多人联合投资，以提高投资额度和分担风险。

国际模式——产业整合能力，产业链升级能力

国际模式的核心是产业整合、产业链升级的能力。

使用这种盈利模式比较成功的是 VIPKID 少儿英语培训、ZARA、聚美优品等。

VIPKID 少儿英语培训让孩子在家上美国小学

与新东方、好未来这些从线下转移到线上、从成人扩展到少儿的英语教育机构相比，专攻在线少儿英语市场的 VIPKID 掌握市场先发优势，在少儿在线英语浪潮中快速起步，取得了数倍于线上线下同行们的用户增长率，位居在线少儿英语行业第一梯队。VIPKID 要求从教师到全体工作人员获得相应的 TESOL 认证，保障课程内容、教师能力、服务质量和管理水平上的水准，以提供权威认证的国际化教育。同时，TESOL 认证完成了从教师端到服务端的行业标准联动，将进一步提升在线少儿英语教育领域的行业标准。

VIPKID 通过“高标准 + 培养晋升体系”整合了全球最优质的庞大师资团队，在不到 4 年的时间，签约 2 万名北美外教。VIPKID 在少儿英语中用其首创的北美外教实景式教学体验，升级了整个少儿教育培训产业链的体系，由北美外教结合教学知识点，亲自拍摄教学内容，使得孩子不出国门也能感受美国小学教育，在课前预习中充分领略世界各地的风土人情，实现语言和文化的同时输送。

系统盈利就是整合性盈利，即通过资源整合，实现盈利。通俗地说，就是“把需要投资的事让投资的人去做，用系统盈利的方式，使大家共同盈利”。用一套系统，整合社会上已经存在的资源，并盘活这些资源。整合资源的第一前提——有系统，把会员或者管理体系导入，帮助投资者实现盈利，同时使自己获得盈利。

周导现场

把投资的事让别人去做——系统盈利

携程、如家、汉庭的上市之路

一位煤矿行业的老板，投资 500 万元开了一家酒店，但是他没有酒店管理经验，不知道如何经营和提高服务质量。汉庭集团的人员此时介入进来，想与这位老板合作经营酒店。首先，汉庭集团自己有几百万的会员，如果双方达成合作，那么这几百万的会员就可以入住；其次，汉庭集团有完整的管理体系。通过以上两个条件，酒店既有了客流量，又有人管理，煤矿行业的老板只要每月等待分红即可。这就是“汉庭酒店”的系统盈利模式。汉庭集团以这样的方式迅速在全国开设了 1 000 家酒店。

如果每家酒店需要投资500万元，那么1 000家酒店就需要投资50亿元，汉庭集团用自己的客流量和完整的管理体系与投资方合作，直接节省了50亿元的投资。

从酒店选址到装修再到开业大概需要3个月时间，但是汉庭集团通过整合的方式只用15天就可以开业了。

所以汉庭集团只用了两三年的时间就在纳斯达克上市。这家企业的老板就是季琦。在创办汉庭集团之前，他创办了携程，懂得了如何获取客户流量；创办了如家，懂得了如何管理酒店；在创办汉庭的时候，他只需要整合市场上的酒店就可以了。

我搭平台、你有名师，腾讯的专业在线教育平台

腾讯课堂是腾讯推出的专业在线教育平台，聚合大量优质教育机构和名师。除了技术及用户上的优势，腾讯课堂还配以对教育机构的政策支持。入驻机构在腾讯课堂达到一定评分之后将提供“万元广点通基金”并安排专业人员进行推广指导，让教育机构在短时间内以“零成本”获得第一批学生。随着教育机构陆续进驻，腾讯课堂会根据不同机构的发展情况，优化扶持政策，让机构能专注为学员提供优质的课程，让更优秀的老师和教育机构脱颖而出。这样一来，由专业的教育机构提供教育课程，而腾讯则负责“在线”及用户，各自发挥所长，形成正向循环，实现互利共赢。

周导如是说，

系统盈利的出发点：
成人达己。
系统拥有强大的融合能力和创新能力，更多的是体现出商业的智慧，这是无形的资产。

资源盈利就是能够垄断一种资源形成盈利。资源盈利是在对某项政策资源或自然资源把持的基础上所形成的业务模式。当企业通过某种方式获得这些资源，形成对资源的独占优势后，业务模式也就自然而然地建立起来。

掌握核心竞争资源——资源盈利

东阿阿胶：垄断全国 80% 的驴

电视剧《大宅门》中有这样一个情节：白景琦在山东的阿胶作坊，因为战乱缺乏足够的驴而无法开工，濒临倒闭。后来，政府雪中送炭给他带来了几百头驴，化解了一场倒闭危机。我们知道，熬制阿胶需要驴皮，目前全国 80% 的养驴基地都被东阿阿胶集团自己拥有。这背后的含义是什么呢？也就是，同行如果想跟东阿阿胶竞争，对不起，驴都没有！所以，全国阿胶的价格由东阿阿胶起主导作用。

计算机操作系统个人用户的最大卖家——微软

2019 年，统计机构 NetMarketShare 公布了当年 2 月份桌面操作系统的市场情况。市场份额最高的是 Windows 10，拿下了超过四成的市场，排名第二的是 Windows 7，市场份额为 38.41%。这一数据再次证明了在计算机操作系统领域 Windows 一直是霸主般的存在。

一直以来，微软推出的新操作系统对兼容性都极为重视。哪怕是最新的 Windows 10 系统，要运行一款一二十年前推出的软件，可能也不是什么大问题。同时，10 年前的 Windows 7，现在使用的话，也依然可以满足很多人的大部分需求。旧版本的 Windows 系统强大的生命力，让微软在计算机操作系统领域牢牢抓住了用户的心理，捍卫了微软在计算机操作系统的神话地位。

阿里云“为了无法计算的价值”

王坚是阿里云创始人，中国唯一自研云计算操作系统“飞天”的提出者、设计者和建设者，推动中国 IT 产业从 IOE（IBM 小型机、Oracle 数据库和 EMC 存储）向云计算转变。2017 年，“飞天”获得中国电子学会 15 年来首个科技进步特等奖，是云计算核心关键技术自主创新的成功实践。

到现在，“飞天”仍然是中国唯一自研的云操作系统，云计算更是不止一次被认为是下一代技术竞争中至关重要的技术。“飞天”已经广泛服务于社会经济——全球 200 多个国家和地区的数百万企业，其中包括中国一半以上的上市公司和 80% 以上的科技企业。“飞天”让阿里云成为全球前三、亚太第一，真正领跑全球科技竞争的云计算企业。

神州国药香，北京同仁堂

说起中药行业著名的老字号，北京同仁堂名列前茅。北京同仁堂创建于清康熙八年（1669 年），至 2019 年已有 350 年的历史。虽历经风雨，但依然是“国宝”级老店。

清代时，同仁堂掌柜乐凤鸣花费毕生精力整理宫廷秘方、民间验方，并结合祖传配方，写成了《乐氏世代祖传丸散膏丹下料配方》一书。在序言中，乐凤鸣提出一个观点——“炮制虽繁必不敢省人工，品味虽贵必不敢减物力”。这一观点是历代同仁堂制药人的准则。

正是对这一准则的坚守与传承，使同仁堂屹立 350 年而不倒。同仁堂已经形成了集团整体框架下发展现代制药业、零售商业和医疗服务三大板块，零售门店 800 余家。海外合资公司（门店）28 家，遍布 15 个国家及地区。

同仁堂屹立三百五十年而不倒。

一次努力换来一生回报——收租盈利

收租盈利即知识产权盈利，又称作“专利盈利”，是以专利（技术型专利、实用型专利、外观型专利）为载体，通过售卖、转让、许可、质押、技术入股等方式盈利的。具体表现为：生产、销售专利产品变现；专利入股获利；专利确保企业稳定发展；专利享受国家补助；专利提升无形资产价值；专利许可给他人使用，获取利益；专利出售或转让，实现变现。

对历史稍有了解的人都知道，第一次工业革命以蒸汽机得到广泛使用作为标志。蒸汽机是由英国发明家瓦特改良的，而当时英国出台了一项法案，把专利权以法律条文的形式明确下来，此时，瓦特拥有了蒸汽机的专利权以后，市面上每生产一台蒸汽机他就能获得一笔“专利使用费”，瓦特因此获得了丰厚的专利盈利收入。

迪士尼乐园承载着世界的童年

迪士尼创造了很多脍炙人口的动画片形象，比如米老鼠、唐老鸭、白雪公主。华特·迪士尼把各种动画片表现出的色彩、刺激、魔幻手法和迪士尼乐园的线下场景结合起来，形成了享誉全球的迪士尼乐园。

迪士尼用电影创造形象，又在线下形成乐园的现实，把各种电影的形象和道具放在乐园及迪士尼的其他平台上进行展示和销售，形成了立体商业模式。至2016年年底，其共在全世界开设了6个度假区，分别是美国加州、奥兰多，日本东京，法国巴黎，中国香港、上海迪士尼度假区，完美地呈现了收租盈利模式。

身临其境的环球影城

环球影城无疑是全球目前最受欢迎的主题公园之一，其影视文化血统纯正。环球影城最早起源于好莱坞的电影拍摄片场，1915 年美国电影业大亨卡尔·莱莫在一个改建的养鸡场创立了这个电影片场，从 1964 年起片场开始开放经营，部分摄制棚改为游览项目，这样逐步发展演变为主题公园。目前，环球影城在美国洛杉矶、奥兰多，日本大阪，新加坡圣淘沙等地拥有和管理 6 个大型主题公园，累计接待游客超过了 4 亿人次，平均年接待游客总数近 4 500 万人次。

资金在时间和空间上的转移——金融盈利

金融盈利是指通过平台自身来运营资金，让资金在个人、平台、企业之间进行高效率流动，形成一个流动生态圈，实现支付、贷款、理财、保险、证券、银行、征信、基金、众筹等。从本质上说，金融的逻辑就是促进资金的流通，实现资金在时间和空间上的转移，核心是对未来和风险的定价。以百度、阿里、腾讯为代表的互联网公司结合自身的优势，逐步将金融深度植入各类生活场景之中，比如百度的流量延伸、腾讯的社交金融、阿里的长尾用户……这些产品在提升用户体验的同时，也在不断地构筑各家互联网企业的闭环生态系统。

而京东、小米、360 也连续在众筹、支付、贷款等金融板块上发力，展现出进军互联网金融领域的决心。

传统金融机构平安集团“主动出击”，积极布局互联网金融，希望利用互联网的优势超越其他大型金融集团；传统实业万达集团也欲在 BAT（B=百度、A= 阿里巴巴、T= 腾讯）的夹缝中撕开一道口子，为线下体验式消费提供综合金融服务。

在跑马圈地的过程中，各家大企业不仅迅速地抢占牌照资源、流量资源，也注重在相关领域与传统金融机构展开战略合作，如百度与中信银行成立百信银行，腾讯与阿里巴巴、平安集团联合成立首家互联网保险公司——众安在线。这在巩固各自优势的同时，也让互联网金融领域精彩纷呈。

BAT 布局线上金融生态

百度是全球最大的互联网入口之一，拥有超过 6 亿用户和 14 款用户过亿的移动 APP。同时，百度拥有海量互联网数据，并能基于强大的云计算能力、领先的人工智能与大数据技术，实现数据挖掘与智能化处理。百度在百度钱包、百度小贷、百度财富、百度有钱、百度金融、百安保险、

国联证券、百信银行等进行了布局。

阿里巴巴致力为全球所有人创造便捷的网上交易渠道，提供多元化的互联网业务，涵盖 B2B 贸易、个人零售、支付、企业管理软件和生活分类信息等服务范畴。阿里巴巴基于云计算、大数据和信用体系等底层平台建设，推动了移动金融服务的普及。阿里巴巴在互联网金融方面的布局包括支付宝、蚂蚁花呗、余额宝、众安保险、德邦证券、网上银行、芝麻信用、天弘基金、淘宝众筹等。

腾讯金融业务布局全部划入新的“支付基础平台与金融应用”线下。腾讯以“连接一切”为终极战略目标，业务定位倾向于打造开放平台，发挥“连接器”作用，故其金融业务多为渠道、流量入口、平台等模式，强调合作共生。
目前，腾讯金融“全牌照”布局逐步完成，从微信支付、财付通到微粒贷、理财通，再到众安保险、微众银行、腾讯征信等，在完成金融生态闭环建设后，腾讯金融未来的关键在于自身数据资源的挖掘及应用场景的搭建。

互联网公司或者大型企业通过聚集庞大的用户量，服务用户的方方面面，包括学习、工作、生活、休闲等，最后形成了一个盈利的生态系统。只要用户在这个生态系统内，其参与的所有经济行为都和企业有关，因此，把这种盈利方式称为“生态盈利”。

锁定用户终身价值——生态盈利

阿里的生态循环

电商—支付—物流—服务器（云服务）—垂直业务（外卖、售票、OA 等）—线下智能消费场景

Alibaba Group
阿里巴巴集团
生鲜O2O
易果生鲜
盒马鲜生
外卖餐饮
口碑
饿了么
电商平台
淘宝网
一淘网
天猫
闲鱼
淘宝心选
聚划算
农村淘宝
魅力惠
壹玖壹玖
体验馆
ONMINE 零食体验馆
HomeTimes 家时代
in junior 婴童馆
技术服务
菜鸟网络
物流
零售通
龙图信息
百胜软件
石基信息
女装淘品牌
阿卡 Artka
茵曼
其他
如涵控股
丽人丽妆
闪电购
天猫小店
淘咖啡
亲橙里
家居生活
有住
EATBOX——居然之家
House Selection 生活美学馆
综合零售
苏宁
苏鲜生
苏宁小店
苏宁极物
零售云
苏宁 biu 店
零售百货
世纪联华 · 鲸选——联华超市
RISO——百联集团
海物会——新华都
三江购物
高鑫零售
大润发优鲜
e 路发
欧尚一分钟
东方股份
银泰商业
中央商场

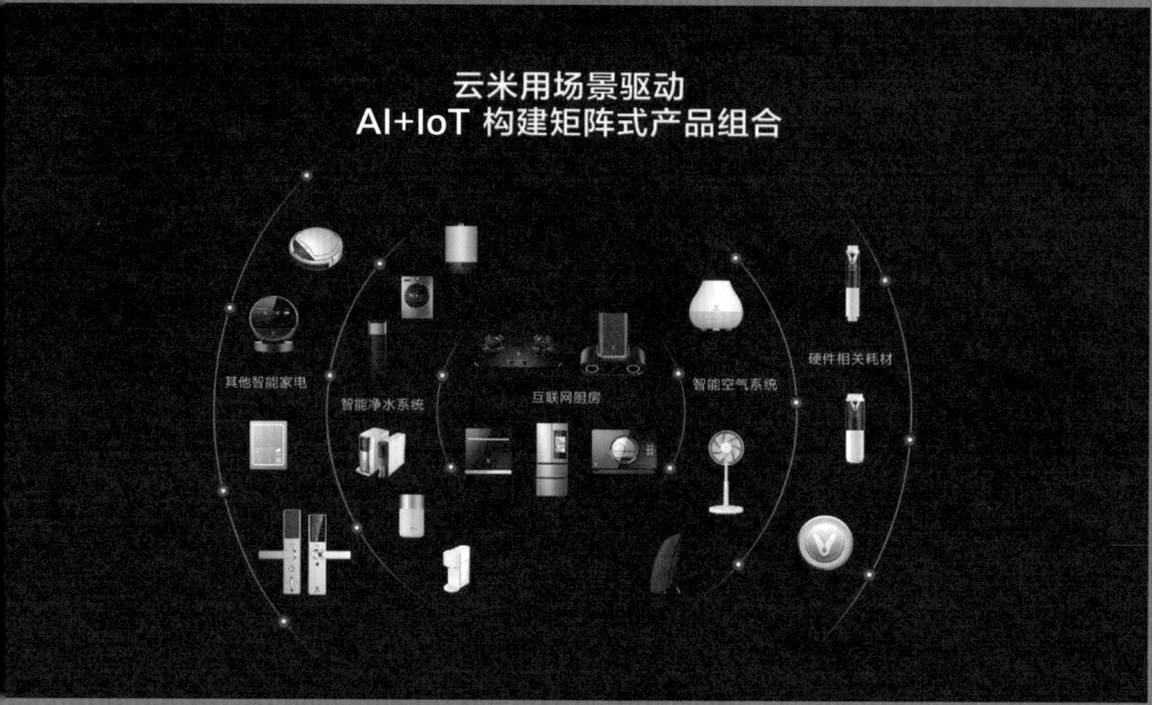

小米构造以人为中心的生态链

小米对人类的居住体验怀有非常多的美好想象。

孩子回家了，妈妈的声音响起，提醒先写作业；爸爸回家了，宝宝的声音响起，提醒要换鞋；妈妈回家了，全家人一起说一声："最美的人来拯救世界了"……这些看似即将发生的场景实际上需要很大规模的智能硬件数据协同。与此前以指令为中心的智能家居解决方案相比，今天的小米更倾向于"以人为中心"。

“以人为中心”的第一步是大量的数据收集，以及深度的数据挖掘与学习。得益于生态链的提早布局，小米在数据这一层面已经取得很大的领先优势。

小米的 AIoT 产品战略被称为“1+4+x”，“1”指手机，“4”指小米电视、笔记本计算机、路由器及智能音箱，“x”指其他生态链产品。小米数据表明，截至 2019 年 9 月底，其智能家居产品已服务 5 599 万家庭，对中国家庭的渗透率超过 10%，这一数据不包含手机、笔记本及可穿戴产品。

小米在硬件品类上进行了很大程度的丰富，补齐了空调、冰箱、洗衣机等大家电，也探索了油烟机、灶具等厨房用品，甚至做起了智能晾衣架、智能水暖床垫等“非典型”智能硬件。小米电视已经连续三季度销量排名全国第一，智能门锁接入量也已经超过百万。随着这些产品走入消费者家庭，每年有超一亿次智能场景被触发，这是小米在数据层面的核心竞争力。

各行各业谁能笑到最后?
一是有资本的人，
二是有庞大用户数据的人。

周 导 现 场

“所谓逆向盈利，就是能够跨越行业周期，实现连续性盈利、可持续性盈利的方式。”

今天的中国
正处于模式盈利和系统盈利的
红利期

Refactoring the Service System

第四篇

重构 服务体系篇

服务是指为他人做事，并使他人从中受益的一种有偿或无偿的活动。其不以实物形式而以提供劳动的形式满足他人的某种特殊需要。

服务业的三种形态：**个人形态、企业形态、国家形态。**

满足所要不等于满足所需，服务态度不等于服务。

满足别人所要：女朋友要吃冰激凌。

满足别人所需：买一个哈根达斯送给她，哈根达斯是我向女朋友表达爱意的媒介。

SERVICE SYSTEM

什么是服务呢?

可能有些老板会想，我们公司提供的就是服务啊，对客户礼貌、周到，解决客户的问题。但我认为这些是服务的标配。仅仅因为礼貌、周到、解决客户的问题，不会与客户产生黏性，也不能极大地促进企业盈利。今天公司真正要做的是在这些标配服务的基础上，找到适合本公司与客户产生链接的服务体系，从而改变人们的生活方式。

未来大多数公司都应具备培训能力、设计能力和定制能力，或学会微商公司的盈利模式，然后去经营一群人的生活方式。

尚品宅配为客户提供免费的设计服务，然后把灯、地毯、卫浴、地砖、家电、家具等销售给客户，最终它将“家”作为一种服务产品卖给了客户。免费设计是入口，给客户提供“家”服务，尚品宅配充分考虑到客户的痛点：自己去买不仅浪费时间，还不专业；最后装修好的房子超没品位；软装、硬装不搭配等。尚品宅配就是抓住了这些问题，将“家”所需元素整合在一起，提供给客户，让客户感受到超值的服务体验。所以说，未来崛起的将是超值服务。

下面将从四个角度带大家重构服务体系。

01 服务速度与服务融合

02 智能化服务

03 体验式服务

04 共享服务

——共享经济下的新服务模式

CRH

SPEED AND INTEGRATION OF SERVICE

服务速度与服务融合

今天的市场上，企业家们遇到的两个最大的变化：**消费方式改变，客流量不足**。

消费方式改变：现在的消费者因生活方式改变导致购买行为发生了变化，如过去常去逛商场，而现在常逛的是移动电商。
客流量不足：大多数行业的产品目前都是供大于求，而客户量却增长缓慢。

在今天，服务如果不能增值就体现不了服务的全部意义。产品的价值由产品决定，服务的价值由服务自己决定。

增值服务从来都不是弥补不足的，而是为顾客创造惊喜，如果不能创造惊喜，就不能称为增值服务。

所以不要一味地把资源用在所谓的服务设计上，服务最重要的是快速行动，其次是提供融合性的全方位解决方案。如电子商务提供的服务，它借助互联网提供快速的物流服务，将设计、搭配、使用场景融合在一起为客户提供解决方案。**服务速度与服务融合已经成为当今最流行的营销方式。**

01 数字化提升了信息服务的速度和融合性

对于处于快节奏生活中的人们而言，当今什么最宝贵？时间和空间！因此，**企业需要提供的服务要以节省用户时间和空间、提高效率为基准**。

京东物流有速度更有温度；

客服的秒回机制，成为服务的新特质；

互联网平台突破了时间和空间的界限，无论何时何地，只要使用互联网，用户随时随地可以进入众多网站，在虚拟世界直接链接全球资源；数字化在民生领域的应用以中国速度在全球经济发展中取得了切实又璀璨的成果。人们用手机挂号看病，缴付水电费，处理交通事故，在台风、暴雨等极端天气下，全民通过手机共同参与险情上报与预警。数字信息取之于民而用之于民，形成了良性循环。未来，数字化的发展会重塑各个行业的核心竞争力。

02

物流增速提升了电商服务的速度和融合性

人们在追求速度的过程中，也会追求服务的全面、细致和便捷，而服务融合革新了用户的需求，使传统的服务模式得到了新的定义。

什么是服务融合?

服务融合是跨领域服务为实现服务价值迭代优化而相互渗透，相互交叉，逐步融为一体，从而涌现出新服务的过程。服务融合是一种价值 / 需求驱动的服务资源整合模式。

这种服务模式的创新提高了企业在市场中的竞争力，使企业尽可能多地拥有资源信息和市场份额，实现服务的增值。

次日 10:30 前到达的顺丰次晨

网购已成为当今客户消费的一种新常态，各家电商在提供商品的同时，还在物流速度上赛跑。不仅是电商，在日常的物流运输中，客户在有急件物流需求时，会首先想到“顺丰速运”。随着物流基础设施的不断完善，快递行业整体的配送时间也在缩短。为了满足不同的客户需求，增加自身竞争优势，顺丰推出了特色产品“顺丰次晨”和“顺丰即日”。前者指的是消费者如果在指定服务范围和寄递时间内收寄快递，顺丰承诺次日上午 10:30 前一定送达，目前包括 57 个城市 436 条流向；后者几乎成为顺丰目前的标配服务，即当日寄件当日送达的快递服务，包括 “同城即日到”“省内即日到”和“跨省即日到”。

着力破解“最后一公里”难题 体现了物流融合人性化的服务 ——丰巢智能快递柜

所谓的“最后一公里”，是指物流配送的最后一个环节，也是最主要的一个环节。在这个环节里，快递员实现了和顾客的“点对点”，按时按需送货上门，为顾客提供其最看重的人性化服务。在这种条件下，丰巢智能快递柜诞生了，它致力于研发运营面向所有快递公司、电商物流的 24 小时自助开放平台以扩大平台化快递收寄交互业务。

目前完成的丰巢智能快递柜产品设计已覆盖物流快递、社区服务、广告媒介等领域，并通过移动终端实施自助操作和安全保障。丰巢科技已经把智能快递柜变成一种“社会化资源”，它所消耗的所有成本都由运营方负担，消费者最终享受到的就是方便。

据丰巢实际测算，快递员上门派件，每成功派发 1 单平均耗时 7 分钟，而如果使用丰巢快递柜自助派件，每成功派发 1 单平均耗时 3 分钟，估算快递员人均效率可平均提升 1 倍。

03 服务需求升级促进各行各业的融合

随着“互联网 +”时代的兴起、客户主力转为 80 后和 90 后，客户的消费需求和服务需求也逐渐发生了变化，大多数客户愿意尝试新产品和新的服务模式。产品的迭代速度和生活节奏的加快，也代表着客户对服务的便捷性和体验感越来越重视。大部分人希望的是坐在家里动动手指就可以有物超所值的商品送货上门。所以企业对客户的服务越来越有温度，越来越走心，希望触动与客户的情感共鸣，最后走进客户的心里。

盒马鲜生的融合服务策略

盒马鲜生主张“让做饭变成一种娱乐”“像经营化妆品一样经营生鲜”，钱大妈主张“不卖隔夜肉”，“在楼下”自动售菜机，覆盖最后 1 000 米半径，网订柜取，是社区智慧微菜场。这些平台在不同覆盖半径范围内布局，真正做到“单未下，货先行”，无一不印证了新物流是新零售无法剥离的存在。从“货—场—人”到“人—货—场”，实现全时、全渠道、数字化运营。

以全渠道布局、场景聚焦、体验为先为获客手段。重构商品结构：使整体品类组合更加扁平化，追求不仅仅为顾客提供简单商品，而是提供一种生活方式的经营理念，实现零售 + 餐饮的融合。

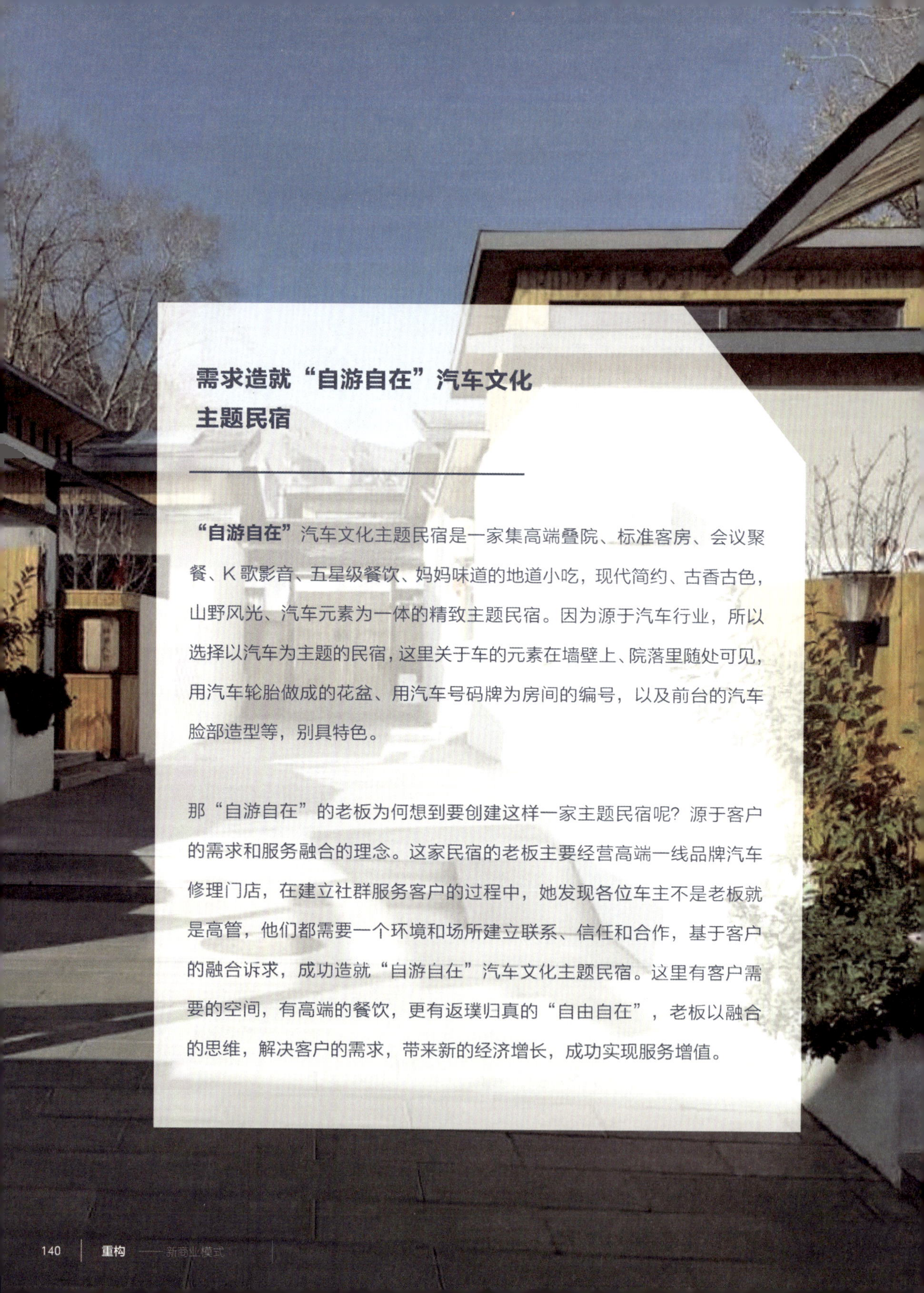

需求造就“自游自在”汽车文化主题民宿

“自游自在”汽车文化主题民宿是一家集高端叠院、标准客房、会议聚餐、K 歌影音、五星级餐饮、妈妈味道的地道小吃，现代简约、古香古色，山野风光、汽车元素为一体的精致主题民宿。因为源于汽车行业，所以选择以汽车为主题的民宿，这里关于车的元素在墙壁上、院落里随处可见，用汽车轮胎做成的花盆、用汽车号码牌为房间的编号，以及前台的汽车脸部造型等，别具特色。

那“自游自在”的老板为何想到要创建这样一家主题民宿呢？源于客户的需求和服务融合的理念。这家民宿的老板主要经营高端一线品牌汽车修理门店，在建立社群服务客户的过程中，她发现各位车主不是老板就是高管，他们都需要一个环境和场所建立联系、信任和合作，基于客户的融合诉求，成功造就“自游自在”汽车文化主题民宿。这里有客户需要的空间，有高端的餐饮，更有返璞归真的“自由自在”，老板以融合的思维，解决客户的需求，带来新的经济增长，成功实现服务增值。

周导如是说，

知识的价值不如传播知识的价值

商品的价值不如建立渠道的价值

产品的价值不如推广产品的价值

渠道的价值不如聚集用户的价值

AI服务

INTELLIGENT SERVICE

智能化服务

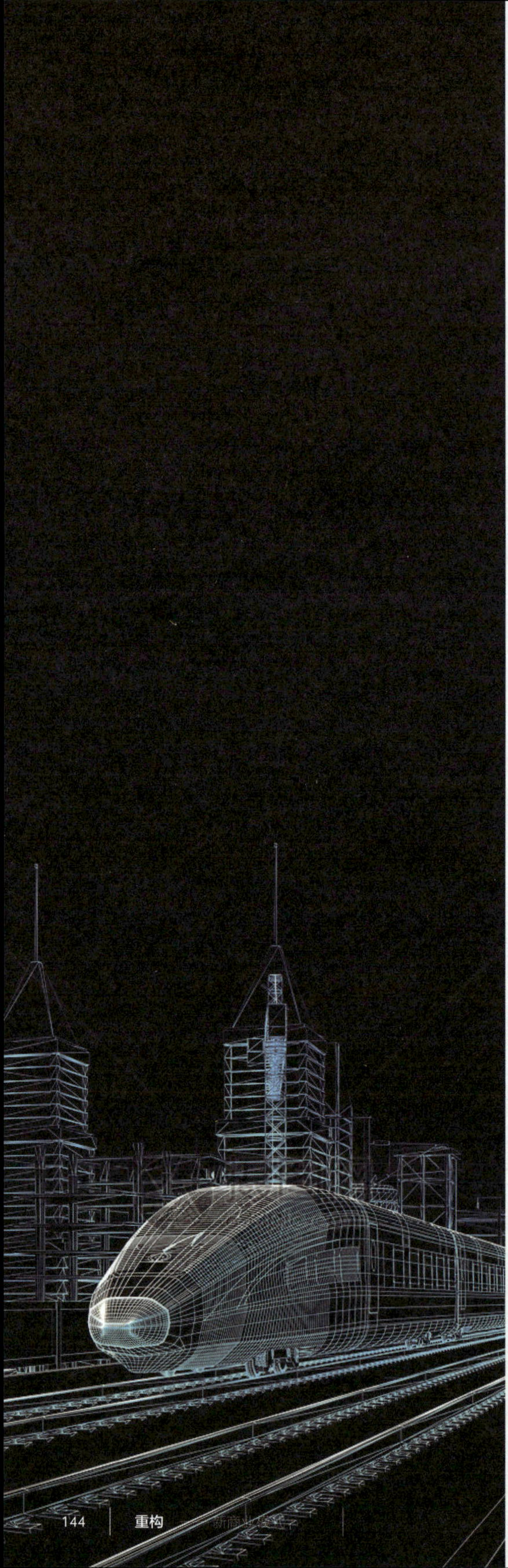

科技领先带来服务智能化升级

“第四次工业革命”以物联网、大数据、人工智能、3D 打印、区块链、生物技术等为驱动，正以令人难以置信的速度改造世界。**随着 5G 时代的到来，互联网进化为智联网，进化后的新形态可称为“万物智联”。**

进入“万物智联”的数字经济时代，随着移动互联网、云计算、物联网、大数据等新一代信息技术的蓬勃发展和深入应用，各类数据呈现爆炸式增长，从而推动社会逐渐迈入DT(数据处理技术)时代。数据成为各个产业领域的战略资源，政策管制、市场竞争、企业管理等越来越多的工作都对各类数据的长期存储与合理应用提出了要求，以更好地完成用户分析、战略研究、管理与市场决策等工作。

移动互联网、云计算、物联网等的发展成熟也使各类数据的价值被深度挖掘和发挥出来，并被应用到 **软硬件服务、信息获取、民生服务、智能决策** 等各个方面，从而推动了智能化服务时代的到来。

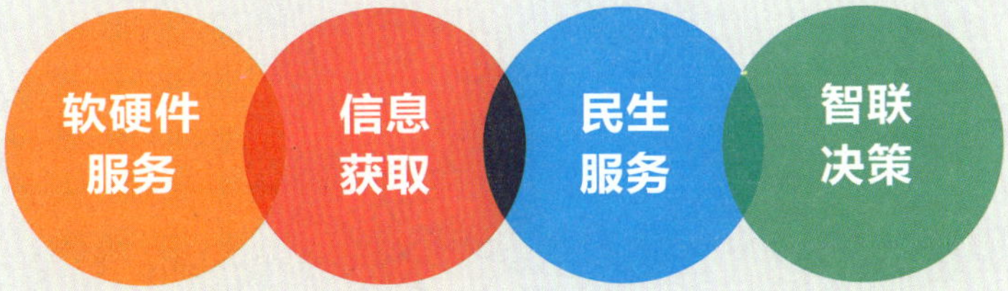

智能化服务并非取代人类
——阿里未来酒店

阿里用高科技描绘了智能化服务人类未来的旅途生活，在杭州西溪园区，全球第一家**“未来酒店”**开门迎客。这家酒店没有一位人类工作人员，而是全部采用 AI 机器人处理**前台、清洁、酒吧、健身、餐饮**等所有服务。

客户到达酒店后，智能机器人首先通过人脸识别记住客户，然后引导客户进行自主登记后到达电梯和自己的房间。整个过程全部通过“刷脸”通关。

房间内的灯、窗帘、电视等都可以通过“天猫精灵”进行语音控制。同样能通过物联网控制指定房间内的智能化服务机器人，以及小米的“小爱”和百度的“小度”等。

当你提出想吃些什么的时候，送餐机器人登场了。

无论是在健身还是在酒吧休闲，处处都用智能化设备服务前来入住的客户。

抢占科技高地，增强企业核心力
——京东商城的智慧物流

智能物流对企业而言是不可或缺的助力，物流环节的处理速度和效率直接影响商品交易的结果与消费者的满意度。京东商城智能仓储 - 配送 - 服务中心，大大提升了物流的效率，对京东在激烈的竞争中立于不败之地具有重要作用。京东商城智能仓储中心的所有物流流程都由智能机器人操作。

京东商城的配送环节目前已经有两个智能化的配送工具——无人快递车和无人机。这两种工具不仅提高了效率，还节省了大量的劳动力，节约了人工成本。

京东商城智能服务中心的几米机器人代替人工客服，不仅提高了与消费者进行沟通并解决消费者问题的效率，而且高效、及时的客户服务对提高消费者的满意度产生了积极的影响。

未来世界程序化的工作都将被机器所取代，我们需要做的，是让人活得更具智慧，而机器更好地服务人类。

但是无须担心未来人类无工作可做，智能化服务带来的是人们生活方式的改变，科技手段是蓄积客户流量的一种工具。智能化服务是一种高端、高附加值的入口产品。

EXPERIENTIAL SERVICE

体验式服务

用户体验，即用户在使用一个产品或系统之前、使用期间和使用之后的全部感受，包括情感、信仰、喜好、认知印象、生理和心理反应、行为和成就等各个方面。

关于新零售，阿里给出的定义是“以消费者体验为中心的数据驱动的泛零售业态”。这里道出了两个关键点：

一个是数据驱动，
另一个是以消费者体验为中心。

换句话说，就是注重用户体验。

给客户制造惊喜才是服务

所谓“用户体验”，举个例子，当你行走在沙漠之中喝完行囊中的水时，你拖着沉重的身子，口干舌燥，这时你的前面出现一个商队，给你水让你解渴便令你感到满足。如果商队提出可以带你前往你要去的目的地，并且在途中不仅为你提供丰富的物资，还提供遮阳、挡风尘的帽子和纱巾，这就是用户体验。你原本想要的只是水，却额外获得了超出预期的东西。

很多商家在经营线下的门店时往往忽略了什么是真正的用户体验。

体验店——开拓体验式消费下的商业空间

体验式消费是社会经济形势转向体验经济的产物。为了应对这种以消费者体验为中心的新的消费模式，企业做出了各种尝试，最典型的就是开设线下体验店，让消费者亲身感受产品，进而达到促成交易的目的。在这方面，苹果体验店做得颇为出色。

2002 年 10 月 19 日，由苹果公司授权经销商香港 Designer Group 公司开设的东方新天地苹果体验店在北京开业，这是苹果公司的一次新尝试，也是苹果公司传播“Think Different”理念的最佳渠道。苹果体验店之所以成功俘获消费者的心，是因为它考虑到可能存在方方面面的问题，迎合不同消费者的消费习惯。

首先，苹果体验店在装修方面根据用户体验的场景精心设计，风格简单而又不失前卫，对于喜欢时尚、追求个性的消费者来说，在这里不仅能够了解苹果公司的全线产品和高端的配套软件以及全新的产品功能，还能够充分体验苹果公司产品科技与艺术完美结合的特点。

用户体验总是体现在细微之处，而且非常重要。注重并优化用户体验是线下门店发展的根本，极致的用户体验会让用户将逛门店当成一种乐趣、一种生活方式。现代社会的发展越来越快，人们的消费方式也在不断变化，门店应该向综合性超大型的方向转变，以便为消费者提供一站式购物服务。

盒马鲜生的超爽体验

快节奏的上班族的痛点是下班买菜来不及，没有时间去超市购物，盒马鲜生的核心就是“优质快速外卖”，通过 APP 下单，只要配送地址在盒马门店 3 千米（简称“盒区房”）以内，**30 分钟以内即可送达**，这很适合上班族快节奏的生活方式。

盒马鲜生线下体验店的核心是进店后可以**现场选购、现场烹饪、现场开吃**，如果你没有足够的时间，也提供美味、热乎的熟食。

要求高的吃货族的痛点是买不到或不知道去哪儿寻觅到新鲜的食材，而且食材处理麻烦，要想每天都吃到高品质的生鲜是很奢侈的。盒马鲜生同时兼具超市、餐饮、便利店、大排档和物流等功能，以**“生鲜电商”和“外卖餐饮”**为切入点，以“开启鲜美生活”为口号，通过 APP 和线

下门店为消费者提供从生鲜食品到餐饮服务的一站式购物体验，满足消费者随时随地想吃生鲜的需求。它依托互联网团队和阿里，是一匹杀入商超领域的黑马。

易学、易记、易通过
——沃米易学院

当下教育产业正值风口，线上教育更是竞争激烈。以沃米易学智能学习 APP 为例，它首先提供智能化的题库让学员免费刷题，而且配套名师体验课或者公开课，让学员找到自己最满意的名师。此外，为减轻学员学习投资的负担，还推出多款性价比较高的录播、直播课程，让学员**用很少的时间、花最少的钱一次性通关**，为学员提供综合性的学习服务。

SHARING
SERVICE

共享服务

——共享经济下的新服务模式

共享服务通俗地讲就是可以共同拥有的服务，其核心内涵包括**“共享”**和**“服务”**两个方面。共享服务实际是“共享经济”催生的新型服务模式，如外卖员、自行车回收师傅、代驾等。

共享服务对于供应方和需求方来说是双赢的。对于供应方来说，通过在特定时间内租赁物品的使用权或提供服务，来获得一定的金钱回报；对需求方而言，不直接拥有物品的所有权，而是通过租、借等共享的方式使用物品。

随着共享服务的兴起，共享服务涉及的领域越来越广，在人们的吃穿住用行娱领域中都有共享服务的身影。**如共享雨伞、共享充电宝、共享汽车、共享马扎、共享空调、共享手机、共享篮球、共享 KTV、共享衣橱、共享洗衣机、共享睡眠舱、共享出行、共享广告、共享时间、共享擦鞋、共享民宿、共享健身、共享厨房**等，共享服务不断推陈出新，以百变之姿渗透进我们的日常生活。

共享充电宝未来将是线下商家的标配

据不完全统计，2019 年我国拥有智能手机共 10 亿多部，平均每天充电总次数达到 10 亿多次。但如今的智能手机在续航层面基本一天一充，甚至一天两充。如果出远门，则必须携带充电宝。正是看到这种需求，迎着共享经济之风，不少创业者做起了共享充电宝的生意。

作为共享充电宝的头部企业“三电一兽”（街电、来电、小电、怪兽）已相继宣布实现盈亏平衡和开始盈利。街电 CEO 称，2018 年下半年，共享充电宝经过市场验证实现规模营收，“几家头部企业陆续实现了盈利”。截至 2019 年上半年，街电累计用户量已达 1.07 亿，成为共享充电宝行业累计用户量突破亿级别的首个平台。而聚美优品的财报显示，街电去年营收超 8 亿元，营业利润约 3 700 万元。

可以预见的是，共享充电宝是生活、旅行、娱乐等场景下的必备产品，将如免费 Wi-Fi 一般，成为线下商家标配。

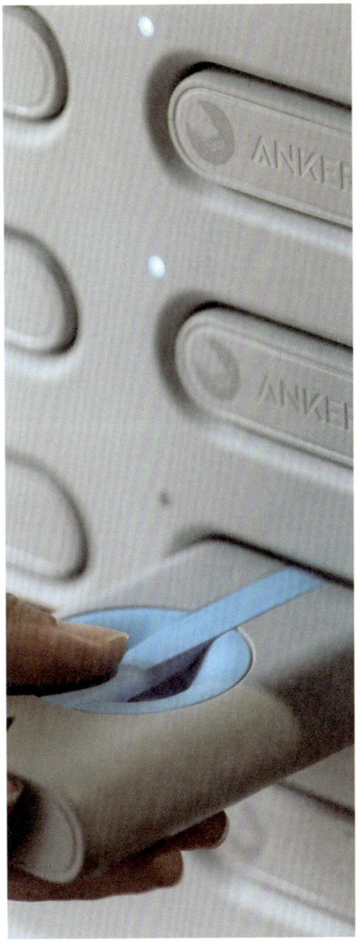

共享出行或将重塑移动出行生态

据艾瑞咨询的统计数据显示，2018 年我国移动出行用户已达到 4.99 亿人次，庞大的数据让传统企业和科技企业看到了移动出行市场隐藏的巨大发展良机。

2019 年 8 月 28 日，高德地图发布了传统出行数字化升级方案——聚合网约车平台。“作为国内首个日活过亿的国民出行平台，高德能够为车企共享出行平台提供广泛的用户触达，并且能够为车企的线上精细化运营提供多重助力。”

2019 年 7 月，滴滴宣布正式推出网约车开放平台，并先后与广汽集团、东风汽车、一汽集团等多家车企达成协议。滴滴在成都接入“秒走打车”经济型车辆，在广州接入“如祺出行”网约车服务，在武汉接入“东风出行”网约车服务。

据不完全统计，截至 2019 年 9 月，一汽集团、吉利集团、首汽集团、长城汽车、上汽集团、长安汽车、东风汽车、江淮汽车、众泰汽车等车企已进军网约车市场。此外，长安汽车与一汽集团、东风汽车携手阿里、腾讯、苏宁成立 T3 出行，欲搅动共享出行市场。

“随着新玩家越来越多，共享出行的市场会越做越大，线上移动出行平台和线下交通出行企业深度融合的‘新出行’生态将会成为主流。”

互联网改变了传统商业模式，改变了整个市场的运营模式，同时为每个行业带来了无限的想象空间，快速、融合、智能化、体验、共享构成了互联网时代服务的关键词。无论是传统企业还是科技企业，都需要重构服务体系，使服务体系全面“升舱”，实现业务极速发展。

服务其实是用户最大的入口之一，从提高速度、融合服务，再到智能化服务和体验式服务，最后到共享式服务，改变的是服务的模式和用户的体验，不变的是通过服务获取用户数据，为后端的转化提供基础。

Refactoring Now
Embrace
the Future

第五篇

当下重构 拥抱未来篇

“

如果说昨天大多数人的思维还停留在产品层面，那么接触了逆向盈利之后，今天经营企业的思维就应该进入模式层面，思考如何在当下的市场环境中实现企业的利润增长和运营突围。

”

未来企业经营的将是生态。物联网时代与互联网时代的一大差异在于，用户需要情景感知、个性化定制的体验迭代。互联网时代依靠品牌与平台赚取流量，吸引大量一次性顾客，浅尝辄止，满足于数据上的狂欢。物联网时代则依托体验经济、社群经济与共享经济，使用户根据需要与爱好结成各类社群。企业则需对接社群，与用户深度交互，关注用户体验，满足动态需求，同时与各方共享创造的价值。这便要求企业转型成为开放的生态系统，接纳各类社会资源。

海尔集团董事局主席、首席执行官张瑞敏如是说。

“企业不应再是有围墙的花园，而应是一片热带雨林。”

生命周期理论认为，产品与品牌都会经历一个引入、成长、成熟、衰落，最终消失的过程。单一化、碎片化的产品与服务随时间流逝，消耗着自己的生命力，自然难逃消亡的命运。

未来的五新模式——新经济、新商业、新模式、新渠道、新用户

马云说过，今天的时代是“五新”时代——新零售、新制造、新金融、新技术和新能源，这是全人类的“五新”时代。对于企业来说，也将迎来五新模式，即新经济、新商业、新模式、新渠道、新用户。

1. 新经济

新经济即实体经济和虚拟经济相结合的经济。

什么是实体经济呢?

实体经济，指一个国家生产的商品价值总量，包括物质的、精神的产品和服务的生产、流通等经济活动。通俗地讲，实体经济就是开工厂、搞批发、建门店。

什么是虚拟经济呢?

虚拟经济是相对实体经济而言的，是经济虚拟化（西方称之为“金融深化”）的必然产物。通俗地讲，互联网经济、金融业、资本运作，这都是虚拟经济。

过去，实体经济就是实体经济，虚拟经济就是虚拟经济，今天实体经济已经和虚拟经济相互结合。

新经济

阿里巴巴是虚拟经济吗？

阿里巴巴已经收购了大润发、银泰百货（阿里巴巴有杭州银泰百货 98% 的股权），还做了盒马鲜生等。今天的阿里巴巴已经在线下越走越远，它已经不仅是虚拟经济了。

同样，京东准备在线下开 1 万家家电连锁店，同时它现在正在以 1 000 家 / 天的速度，朝着 100 万家便利店的目标快速发展。你还能说京东是虚拟经济吗？

小米同样要在线下开 2 000 家店，每个店产生 1 亿元的营业额，2 000 家店就要产生 2 000 亿元的营业额，这就是今天的小米。

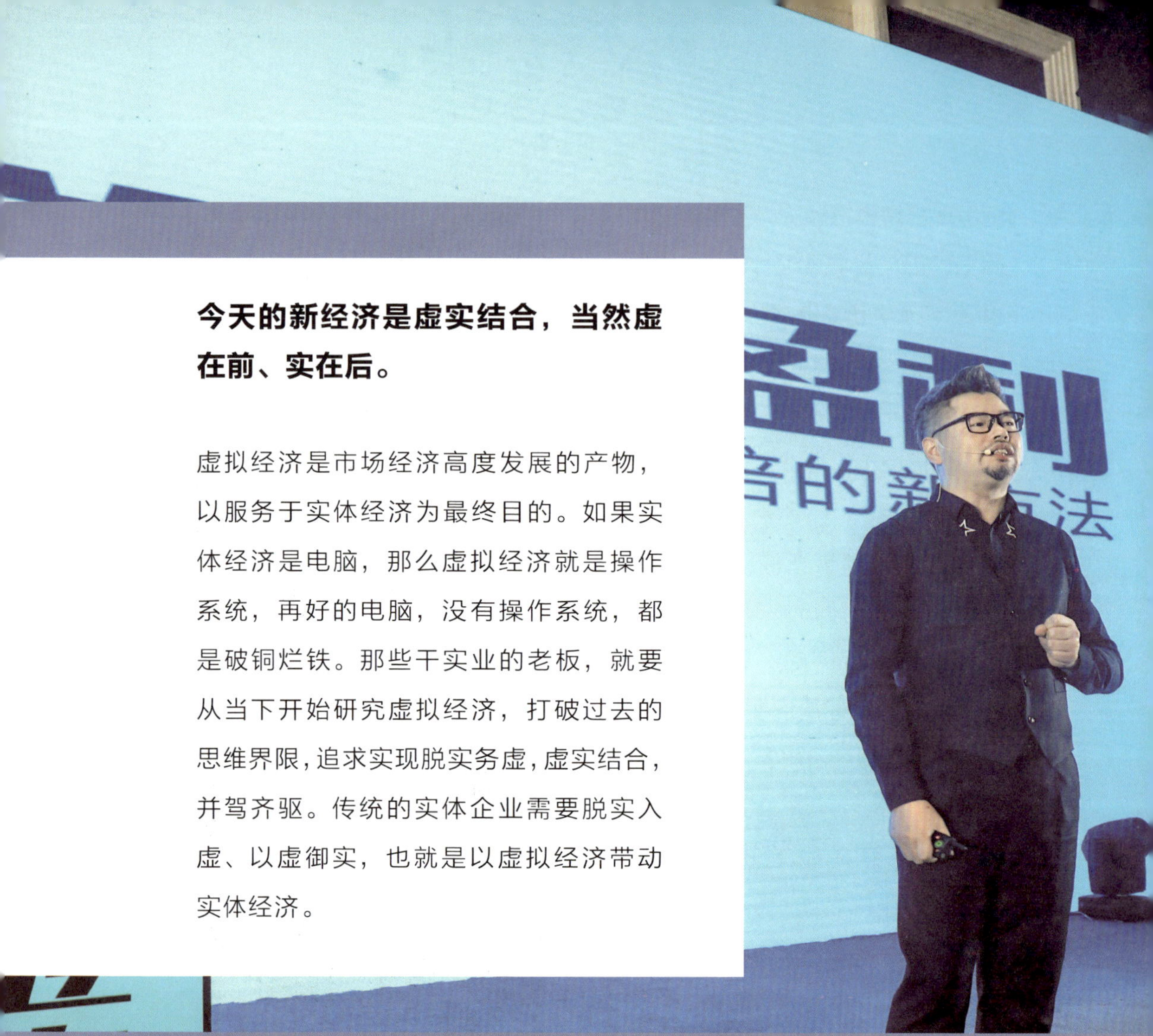

今天的新经济是虚实结合，当然虚在前、实在后。

虚拟经济是市场经济高度发展的产物，以服务于实体经济为最终目的。如果实体经济是电脑，那么虚拟经济就是操作系统，再好的电脑，没有操作系统，都是破铜烂铁。那些干实业的老板，就要从当下开始研究虚拟经济，打破过去的思维界限，追求实现脱实务虚，虚实结合，并驾齐驱。传统的实体企业需要脱实入虚、以虚御实，也就是以虚拟经济带动实体经济。

2. 新商业

新经济时代带来新商业，也带来一个巨大的机会，这个机会叫作新商业机会。过去企业盈利的机会主要在消费市场，今天企业盈利的机会主要在创业市场。

消费市场主要是做货物、服务、智慧。
创业市场卖的是创富的机会、转型的机会、转行的机会。

新

3. 新模式

模

式

“

新商业需要一套新模式，否则就无法抓住新的机会。

过去模式的主要目的是卖货，通过卖货自己赚钱。

新模式的主要目的是帮助扶持别人，比如阿里巴巴的理念是让天下没有难做的生意。新经济时代最大的机会是帮助扶持有实体店的人，让他们转型做好实体门店。成就别人的同时成就自己，也就是成人达己，这就是新模式的核心。

”

4. 新渠道

新模式需要新渠道，新渠道实现新模式。新渠道简单来讲就是从单一、专业的渠道发展为多元、跨行的渠道。

过去，衣服只能在服装店卖，如今也可以在教育培训的课堂上卖；过去，杯子多是在商店卖，如今也在服装店卖；过去，整形服务项目只在整形医院卖，如今服装店、化妆品店也同样在销售。

过去，电子商务、电视购物、实体门店都是自成一派，单打独斗，如今它们已经开始融合，各种资源互通有无。社交电商、圈子电商、社交电商新零售，都会是新的渠道。

要特别强调的是，

如果光有模式，不能建立一个庞大的渠道，也是中看不中用。

5. 新用户

新经济赋予用户更多的含义。过去，用户是指某一种技术、产品、服务的使用者，即使用某种产品的人。企业主要是针对准顾客，通过产品、服务等使其消费。新经济时代，用户的范围已从准顾客扩大到非顾客，从消费者转变成了介绍者、合伙人、销售者。

所以新经济时代下，企业不仅要考虑如何开发新客户，还要通过一套模式把非客户变成介绍者、合伙人、销售者。

要用非顾客带动准顾客，要用跨行的渠道带动专业的渠道，要用帮助扶持别人带动产品销售，要用创业市场带动消费市场，要用虚拟经济的做法带动盘活实体经济。

企业家要忘记过去，所有的一切才刚刚开始。五新时代，真正的新其实是人的新。那什么人需要先新呢？主要是三种类型的人：企业家、投资家和培训师。

企业家的思维更新了，意味着做企业的方式不一样了；投资家的思维更新了，意味着投资的方向也就不一样了；培训师的思维更新了，对企业而言，就是做企业培训的人不一样了，以前培训师讲管理、控制成本、销售品牌等，新培训师要讲顶层设计、投资、招商。这些都是基础的思考，也都是标配。

五新时代的商业环境，有钱的公司做两件事

一是技术创新，成为行业标杆，如华为、格力、阿里巴巴等；

二是进行产业链整合，增强企业的资金实力。

所以未来不是企业与企业之间的竞争，而是产业链与产业链之间的竞争。所以有钱的公司，都进行技术研发和产业整合。

从线上进军线下，三只松鼠重新定义新零售

自 2012 年开始，三只松鼠作为一个依时代而生的电商公司，在短短几年里迅速发展，成为互联网企业的一匹黑马。

自 2016 年起，三只松鼠开始探索线下之路。2016 年 9 月 30 日，第一家三只松鼠投食店在安徽芜湖金鹰新城市购物中心开业，将“主人”文化成功带到线下，给消费者带来了极强的体验感与互动感，成功地将品牌概念从线上玩到线下，将企业文化变为可感知的体验。

2018 年 7 月 7 日，三只松鼠提出了以“助力年轻人创业，让天下没有难开的零食店”为使命的“联盟小店”模式。

截止到2019年，已有近百家松鼠小店分布在全国近50座城市。这年7月，三只松鼠成功在创业板上市。凭借着品牌势能加持以及数字化赋能管理，在未来，松鼠联盟小店或将成为三只松鼠线下一支强有力的主力军。

对线下超市重构的新零售业态——盒马鲜生

盒马鲜生是阿里巴巴对于新零售的一种尝试，是集多种服务于一体的线下新零售业态超市。

盒马鲜生集超市、餐饮店、菜市场于一体，顾客在盒马鲜生可以购买到新鲜的海鲜以及其他商品。除此之外，盒马鲜生还提供食材现场加工服务以及周边外送服务，实现线上线下结合。消费者可以选择到店购买，也可以直接线上下单，然后配送到家。

作为新零售业态门店，盒马鲜生和传统零售的区别在于，运用大数据、物联网、自动化等新兴技术，实现商品供应、销售、物流的一体化和数字化。顾客在这里能够体验多样化的购物场景，以及更加方便快捷的购物过程。

机遇与挑战并存，重构当下。

未来的模样也许无法预知，不断迭代的商业模式却可以基于其动态需求自我进化，适应不可预测的未来。开放共享的新商业模式，能够赋予企业无尽的生命力，在积极变革与顺应时代中，迎接万物互联带来的种种改变。

拥抱未来。

企业不仅属于当代，更属于未来。真正的振兴之道就在“变”与“不变”之间：以创新擦亮招牌，不断重构商业模式，为企业战略添砖加瓦，实现自我进化、吐故纳新；以“王者归来”的姿态投身于新时代商业生态中，与新商业时代合而为一，企业就会生生不息，最终摆脱由盛转衰的宿命，获得不竭的生命力。

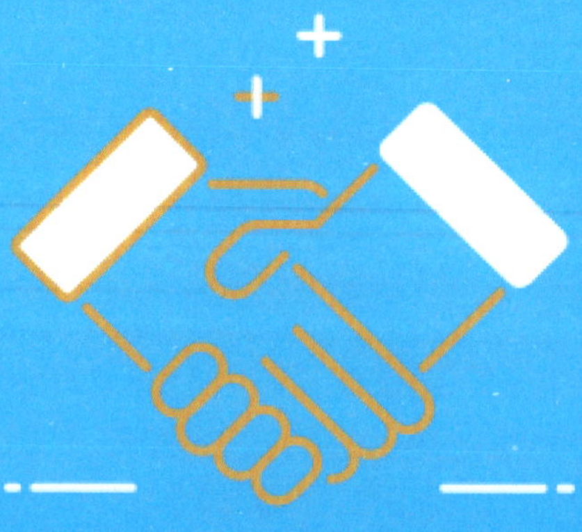

商业发展的十二个趋势

如果企业家一直想着产品销售、扩大投资，已经不符合这个时代的需求了。时过境迁，在这个时代，大多数产业已经进入微利期甚至无利期，整个产业正在经历一些前所未有的大变动，竞争与合作、跨界与融合、创新与边界、变革与重构，身在其中的参与者，要面对不同于以往的更多的挑战。但是，这波大潮中也蕴藏着不少机会，这就需要每个身处其中的人厘清趋势、认准航向。

趋势一：用解决方案 / 生活方式取代产品

用解决方案 / 生活方式取代产品是未来的趋势。优质产品已经成为标配，单一地卖产品将会越来越难，未来的销售将是从产品为基础衍生出来的消费者需求的解决方案或生活方式。

新商业模式、新产品都是新生活方式，就像智能手机的出现创造了“低头族”。

一些大公司即使不盈利也要把产品销售到客户手里，目的就是引领一种全新的生活方式。

以一个案例来剖析一下什么是生活方式取代了产品。

例如在家装行业，原来是卖单一的建材产品和设计方案，但是今天装修

一套 80 多平方米的房子只需要 42 000 元，而自己买材料装修至少需要七八万元。这就是尚品宅配的模式，为客户提供的是一个美好的家装整体解决方案，这就是卖给客户一种生活方式。不限于家装行业，如别人卖衣服，你卖整体形象管理和设计；别人做健康培训，你做生命健康的整体解决方案，诸如此类。

一直活跃在朋友圈的微商模式就是在用解决方案代替产品。微商的核心就是帮助伙伴、扶持伙伴，那么伙伴就会一直销售产品。未来的公司将会是培训公司、设计公司、社交新零售公司，它们经营着一群人的生活方式。未来将会是通过会员制，用一种全新的生活方式取代产品销售。会员制的背后都是深度的服务，是用服务取代营销的消费升级。

消费升级：

同等产品用低价就可以购得，也就是高性价比路线；

同等产品和价位，可以享受到更好的服务，获得更高的满意度，得到最适合客户的结果。

在未来，如果你还是依靠产品赚钱，那么实现盈利的路径主要有三条：

第一条是卖性价比，
第二条是卖附加值，
第三条是卖解决方案 / 生活方式。

趋势二：你的收入建立在增加别人收入的基础上

促使别人产生了交易而拿到收入，是新时代商业模式的基本逻辑，核心就是把你的收入基础建立在增加他人收入的基础上。马云之所以会成为中国商业史上极重要的人物，不是因为他的物质财富，而是因为他创立的“让天下没有难做的生意”的阿里巴巴改变了人们的生存、生活方式乃至命运。他始终身体力行地推行一种崭新的商业思维——服务的自由，实现了真正意义上的成人达己。在成就了他人的同时，赚取交易中的差额。因为平台流量惊人，所以阿里巴巴的财富和市值也随之增长。

过去的正向盈利思维

200 万元收入 −150 万元成本（成本占比 75%）=50 万元利润

提高收入 → 300 万元收入

降低成本 → − 70% 成本

利润增加 → =90 万元利润

举一个非常通俗易懂的例子：

A 与 B 合作赚了 50 万元，A 把 40 万元盈利分给 B，把 10 万元作为自己的盈利；再用剩下的 10 万元找到 1 000 个人合作，那么 A 可以赚到 1 亿元。

假设 A 再帮 B 把盈利从 40 万元提高到 80 万元，那么 A 的盈利就从 10 万元提高到了 20 万元；如果 B 赚了 80 万元又帮助 A 找到 1 000 个人合作，那么 A 就找到了 2 000 个人合作，A 的盈利就达到了 4 亿元。

在今天，与其研究自己赚钱，不如研究帮别人赚钱，自己顺便拿点补贴。

今天最洋气的生意，就是帮别人赚钱。

趋势三：削减投资、砍掉成本

成本一般分为显性成本和隐性成本。

显性成本（Explicit Cost）是指厂商在生产要素市场上购买或租用所需要的生产要素的实际支出，即企业支付给企业以外的经济资源所有者的货币额。隐性成本 (Implicit Cost) 是厂商本身所拥有的且被用于企业生产过程的生产要素的总价值，是一种隐藏于企业总成本之中、游离于财务审计监督之外的成本。

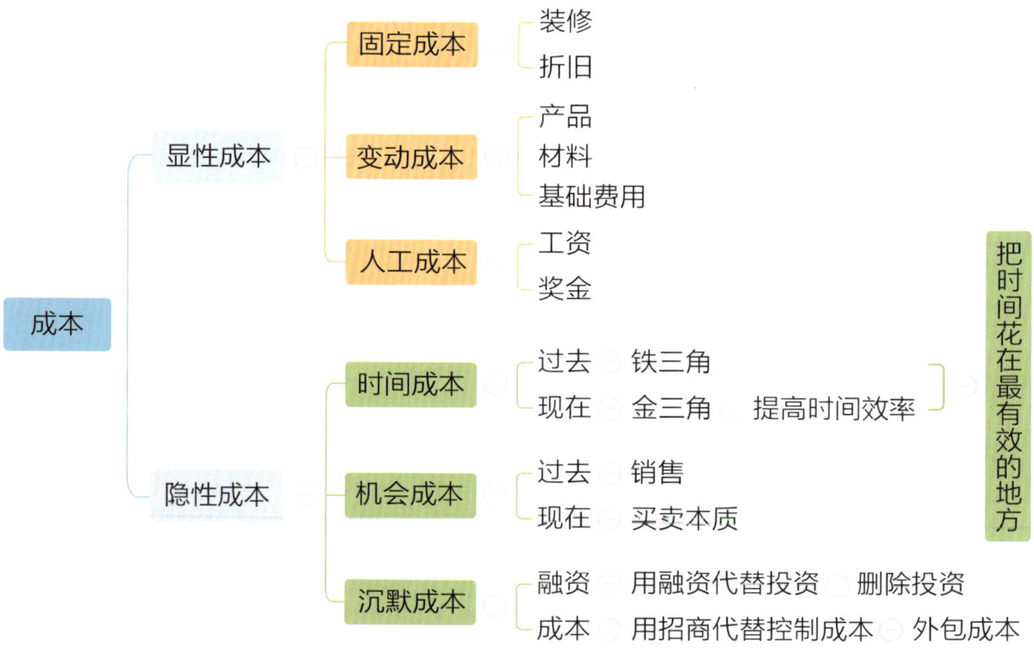

加大投资、控制成本是正向盈利解决企业收入问题的办法，这是行业还处在暴利期时可以行得通的办法。但是在微利期、无利期，一味地加大投资并不能从根本上解决企业快速赚钱的问题。

在这个时代，“重资产、重运营”已经成为企业的负担。要想做一家新型的公司，需要做的是削减投资、砍掉成本，改用外包或合作的方式。

趋势四：分享传播代替传统广告

分享功能易于复制传播，具有先天的传染基因，它可以带来病毒，带来“感染者”范围的扩大和病毒式传播效应的扩张。这种互动机制实现了信息节点的扩张，促进了病毒信息的变异，社交媒体实现了“人”与“内容”的汇聚，成为病毒式传播的天然土壤。现在已经是“人人网红”时代，分享传播最重要的工具是微信和抖音、快手等短视频平台。

目光在哪里聚焦，财富就在哪里产生

我假设这样一种模式，来诠释今天的分享传播有怎样震撼人心的力量。

我有 1 300 位学员来上课，在开课之前分好小组并进行 PK，在 PK 之前每一位学员要拿出100元作为团队PK基金，那么整场 PK 就有 13 万元的资金池。

在 PK 赛中，获得第一名的小组获得 8 万元奖金，获得第二名的小组获得 4 万元奖金，获得第三名的小组获得 1 万元奖金。

在 PK 赛中获胜的决定性因素是 3 天内朋友圈的最终点赞量。

学员都会为了集体荣誉开始发朋友圈。

今天大家的目光在手机聚集，所以我们要做的是：

“抢占朋友圈，决战短视频。”

——分享传播助力

1 300 人连续 3 天，平均每人每天发 10 条朋友圈，1 300 位学员平均每人有 1 000 个好友，那么整场 PK 赛就有 3 900 万次的曝光机会。

130 万人会被连续刷屏 3 天，3 天平均每人有阅读本课程内容 30 次的机会。

由此可见，我仅通过 1 300 位学员就达到了一个 130 万人次规模的推广和曝光的机会，这就是分享传播代替广告的重大价值。

趋势五：客户自主传播代替商家推广

这个时代，最缺的就是客户流量，作为流量头部企业的腾讯、阿里等每年都面临流量减少的问题。所以对于企业来说，客户流量的多少决定了企业能走多远。过去我们经营的是高额度消费的“大客户”，但是在今天，我们要经营的是“愿意多花时间、愿意分享传播”的“大客户”。我用两个金字塔模型来解释对于企业来说过去和现在需要经营的客户群体的变化。

过去经营的客户群体按照消费额度来区分

消费 10 万元以上

消费 5 万元以上，10 万元以下

消费 1 万元以上，5 万元以下

消费 1 万元以下

过去用 80% 的时间经营 A、B 类客户，也就是有消费能力的“大客户”。

现在经营的客户群体按照信任度来区分

“钢粉”，能传播 100 人

“铁粉”，能传播 10 人

粉丝，可以分享

“萝卜粉”，只消费不传播

“黑粉”，带有负面传播力

现在经营的是愿意花费时间、愿意传播的粉丝。

当客户流量达到一定量级的时候，就会按照一定的转化率产生盈利。但是没有量，何谈“转化率”？过去我们把“把梳子卖给和尚”作为销售的最高境界，我认为这是资源错配。今天我们只有提高用户的认知率和认可率，使客户乐于自发地分享和传播，增大客户流量，才能实现真正的盈利。

所以，过去的销售逻辑是先建立知名度，再建立美誉度，最后树立品牌。

但是，今天的销售逻辑是先建立信任度，再建立美誉度，最后形成知名度。

趋势六：社交活动代替开门店

在未来，开门店主要有两种经营方式：一种是经营产品，另一种是经营客户。经营产品的是门店，匹配的是一位店长；经营客户的是圈子，匹配的是一位会长。在未来，首先，开店最核心的价值是与客户建立信任度，即所谓的“跑得了和尚跑不了庙”；其次，就是让客户到店体验和聚会，从而使门店成为一个培训和服务的场所。

把办公室当门店开
把门店当办公室用
同时老板自己还有自媒体

传统的商业是将一种产品卖给 1 000 个人；

新型的商业是锁定 1 个人卖给他 1 000 次；

未来的商业是锁定 1 个人卖给他 1 000 次，他还帮你拉来 1 000 个人，拉来的人你再卖他 1 000 次。

在未来，卖东西很简单，真正难的是怎样把人聚集在一起。

趋势七：回本制度取代了高价

我先举一个例子让大家理解什么是回本制度取代了高价。

一个主营产品是酵素的企业，产品定价是 4 800 元 /3 瓶，常规的销售路径是打广告、开门店、招代理，现在它采用了一套新的盈利模式。

从 4 800 元的营业额中拿出 50% 给他人分配，其中 20% 分配给已经消费过的客户，让其回本；15% 分配给乐于分享的客户；10% 分配给转发推广的客户的管理者；5% 分配给转发推广的客户做培训和管理的领导者。

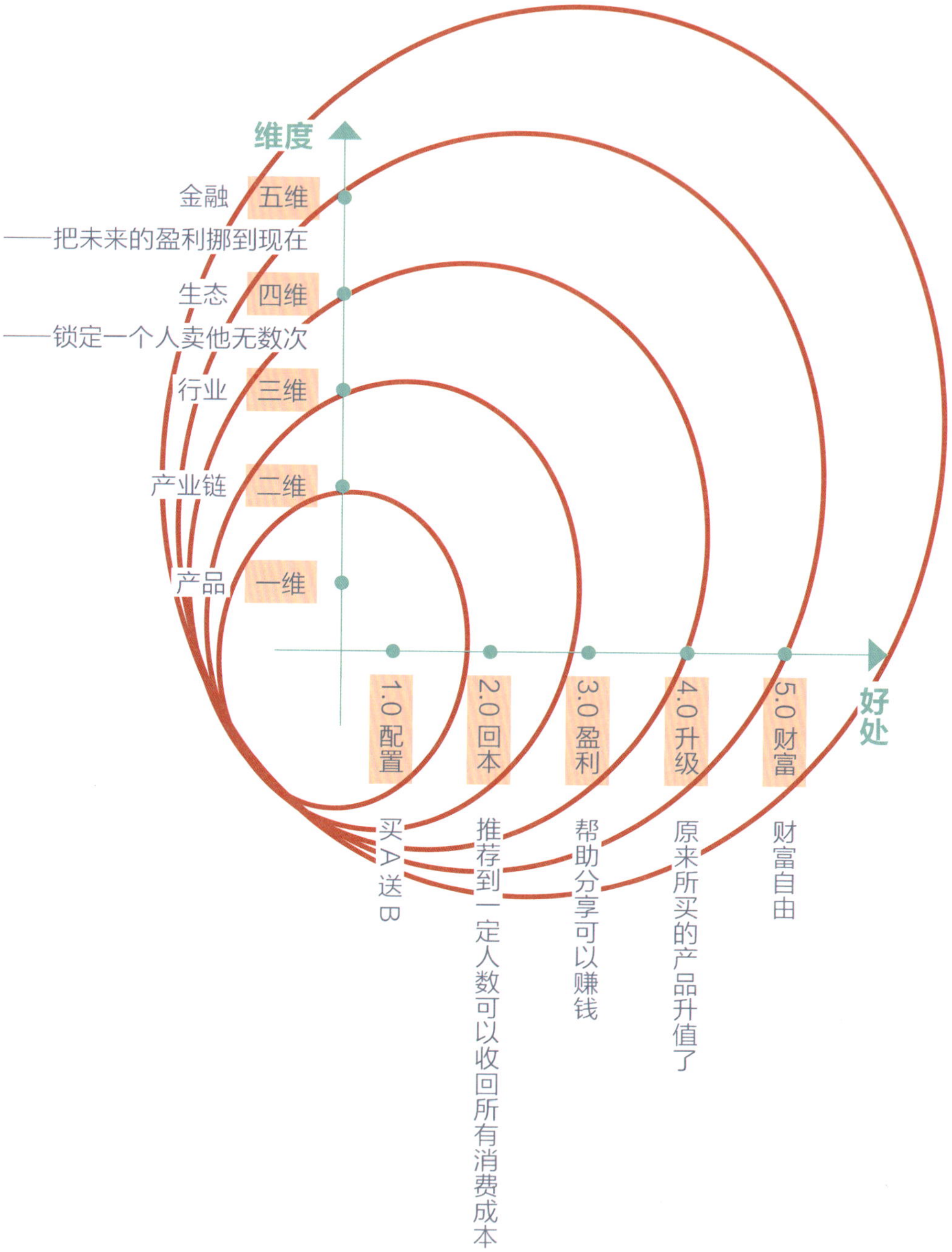
维度
金融 五维
——把未来的盈利挪到现在
生态 四维
——锁定一个人卖他无数次
行业 三维
产业链 二维
产品 一维
好处
1.0 配置
2.0 回本
3.0 盈利
4.0 升级
5.0 财富
买A送B
推荐到一定人数可以收回所有消费成本
帮助分享可以赚钱
原来所买的产品升值了
财富自由

周导如是说，

成本控制，不是战术，而是战略；
成本控制，不是员工的事，而是老板的事。

想清楚要靠什么赚钱，其他的就可以免费了。

切记，送给客户的东西，品质一定要好，甚至比正品还要好，久而久之，客户就会习惯想要你的赠品！

少赚就是多赚，多赚就是少赚！

趋势八：逆向众筹取代了投资

众筹不是战术而是战略，不是筹一次而是持续筹和连续筹，你筹、我筹、大家筹。众筹的目的是筹集资源，筹钱只是顺便的。众筹在未来也是企业的标配，最重要的不是自己筹，而是让别人帮你筹，去筹人、筹资源。

众筹得到的是两种收益：资本型收益和经营型收益

为自己众筹，能力有限、资源有限、势能有限、持续性有限；为别人众筹、帮别人筹、给别人出方案，可以无限。

逆向众筹

淘梦网是国内首家垂直众筹平台，为广大电影爱好者提供了一个追求电影梦想的舞台，旨在帮助电影人进行作品的宣传推广。

电影团队可以在平台上发布拍摄计划、列出预算、展示团队、记录进度、沟通交流、寻求合作，最终完成作品创作，力求在创作过程中引起投资方、广告主、发行方和广大受众的关注和支持，以此筹集启动梦想所需要的目标基金，并最终完成电影梦想。

在发展过程中，淘梦网还对自身发展做了进一步的优化，利用各种资源使业务范围不断扩大，做到两年估值两亿元。淘梦网的成功正是逆向众筹模式最有说服力的证明。

“己欲立而立人，己欲达而达人”，这是逆向众筹的精髓所在。

这种众筹效果是众筹者希望达到的，其主要目的并不是筹集资金，更重要的是借此制造话题筹资源、筹人，因为资源和人就是活动银行，会为企业带来更多利润，这才是可遇而不可求的。

趋势九：人人都是老板，代替传统管理

谈管理是很落伍的，谈怎么不管理才是正道。海尔公司实行员工创客化，投资员工。作为现代企业，应把企业作为平台，孵化出更多项目和事业部。

华为“三高”机制下的人才培养

华为的“三高”指的是高工资、高压力、高效率。在这三个条件中，任正非坚信高工资是第一推动力。他曾经说过：“钱给多了，不是人才也变人才！”因而华为提供的就是高工资待遇。除了高工资，还有奖金和股票分红，内部职工的投资回报率每年都超过 70%，有时甚至高达 80%。华为的薪资分配向优秀员工倾斜，自己为自己干活，自己为自己

加薪。华为的薪酬机制明确定岗定薪、定人定薪，这就从侧面要求员工尽职尽责，因为他们的付出直接与薪资挂钩。最重要的是华为让员工明白只要足够优秀，每个人都有升职加薪的机会。经济利益是最直接、最明显的激励方式，高收入是高付出的有效诱因。

华为建立了以自由雇用为基础的人力资源管理体系，不搞终身雇用制。这使人才不得不在企业高速发展的压力下不断提高个人素质，持续提高工作能力。

华为还实施末位淘汰制度，鼓励“公平竞争、不唯学历、注重实际才干”，不论资排辈，只重实际能力，大胆起用年轻人，时刻为不思进取的人敲响警钟。此外，还定期考核，而且考评工作有着严格的标准和程序，是对员工全方位工作表现的考核。考核的依据依次是，才能、责任、贡献、工作态度与风险承诺。

合理严格的绩效考评，有利于激发员工增强危机意识，提高员工的价值创造能力。

高效率最明显的表现形式就是，华为实行在职培训与脱产培训相结合、自我开发与教育开发相结合的开发方式，提高员工素质，以适应企业的发展，同时让员工有充分的机会获得个人能力的提升。

每年华为都要派遣大量的管理人员、技术人员到国外考察、学习、交流，优化重要领域的人员素质，为有进取精神的人才提供拓展知识和提高能力的机会。这个机会是当前高素质人才最看重的，有着很强的激励效果。

管理的最高境界是无为而治，让人才管理实现自由创新发挥，也就是说老板不再挖空心思做管理，而这种理念的核心正是自组织、自管理。

“群众是真正的英雄”，自组织、自管理是给员工创造自由发挥的空间，依靠员工的自觉自愿，自己激励自己、自己约束自己、自己主动协助同事，各司其职，齐心协力，进而实现组织的目标。

这是因为：没有什么激励比自己激励自己更有效，没有什么约束比自己约束自己更牢靠，也没有什么协调比自己协调自己更重要；人不管、机制管，自己管、管自己，管得少、管得好。

总而言之：企业老板要想实现不管，最简单、最快捷的途径就是把尽可能多的资金分配在吸引人才和留住人才上。

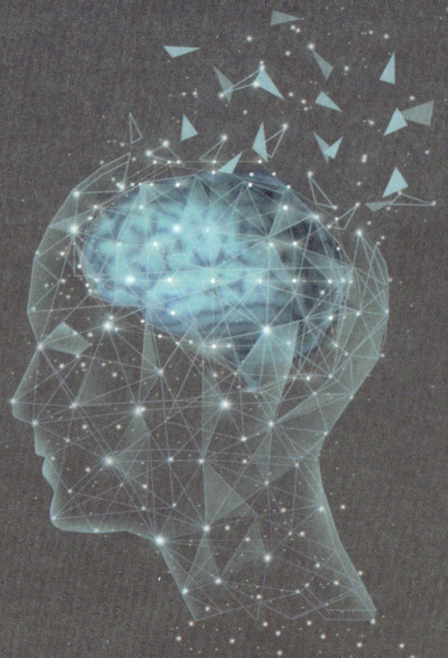

趋势十：产业联邦代替各自为政

单打独斗没有未来，但是大部分人对“合伙人”还持有恐惧和怀疑的态度。

传统“合伙人”普遍分为四个阶段，

第一个阶段是同心同德，弱弱组合；

第二个阶段是互相猜疑，各怀心思；

第三个阶段是同室操戈，相互指责；

第四个阶段是合伙破裂，分道扬镳。

比如五位共同合伙的老板，大家拥有的资源和能力不相上下，在合作一段时间后，每个人身上的短板逐渐浮出水面，互相推诿责任和不信任的情况也就屡屡出现，最后合作的忠诚度下降，结果就是分道扬镳。

正确的合作方式应该是这样的：

A、B、C、D、E 五位老板，如果一开始五人直接将各自的公司合为一个公司，风险和压力都是比较大的，所以我建议成立一个新的 F 公司。A、B、C、D、E 占 F 公司 60%~70% 的股份，再用剩余的 30%~40% 找到新的合伙人 Z，ABCDE 负责公司外部的资源整合和业务拓展，由新的合伙人 Z 作为 F 公司的 CEO 主抓公司内部管理。

新的公司 F 成立之后，必须要做的是建立渠道，那么专门负责渠道的这个事业部，又可以再按照股权划分的形式找到新的合伙人和 CEO；当 F 公司的销售网络和渠道建立得非常丰富的时候，还可以架构成一个平台公司，平台公司又可以再找新的合伙人和 CEO；F 公司的品牌建设同样可以再找新的合伙人和 CEO。这个时候 F 公司可以去融资和招商了，原来的 A、B、C、D、E 五个公司可以成为 F 公司的供货来源，当 F 公司融到了资金之后，就可以以收购的方式把 ABCDE 五个公司并购进来。最后就形成了“产业联邦”。

正所谓“术业有专攻”，在当今这个时代，每一个领域都有非常专业和有能力的人才，把这些人才网罗在一起，才能成为一个非常有实力的公司或平台，这样的公司才真正的具有竞争力。

趋势十一：以用户为中心建立新社群

过去的公司以产品来区分，未来的公司以用户来区分。以产品为中心的叫公司，以用户为中心的叫社群。

人们不是为了产品而去买哈雷摩托，而是为了进圈子。我为什么拒绝了朋友请我买哈雷的建议？因为我觉得不实用，30 万元买辆摩托车还特别费油。但是朋友邀请我参加哈雷摩托自驾游的时候，我就只能干瞪眼。所以，你的圈子是什么？在哪里？

当规模经济的地位逐渐被削弱时，小众经济开始兴起，社群时代来临。同质化的商品越来越多，促销活动的花样越来越多，以致无数的消费者无所适从、无从分辨，消费欲望逐渐下降；以商品为核心的营销手段开始失效，公司的模式被慢慢淡化；移动互联网拉近了人与人的距离，催生出的以人为核心的社群营销，正在快速成长。

社群营销的主要沟通因素是“人”，核心纽带是“人与人的关系”，基本构成是“产品、传播、服务”三个要素。

“产品、传播、服务”三个要素

所以，社群营销的核心抓手是人际关系，扩散方式是社群裂变，最终目标是提升整体销量，三者各有侧重，不可偏废。

具体实际操作中，则分别是产品营销重内容、传播营销看裂变、服务营销讲感情。

社群营销的核心——人际关系

社群营销的实质是返璞归真，把营销聚焦点重新放到人与人的关系上，通过产品内容聚拢认同的人组成社群，通过服务经营好社群成员之间的情感，通过一个个的成员去影响其身边更大的群体，从而使社群发生基因相同、形式不同的裂变，然后为新的群体提供更适合的产品。周而复始，不断扩大品牌的影响力，符合互联网潮流的“去中心化”“去碎片化”，重构了新的商业模式，让社群经济的未来前景不可估量。

趋势十二：在愿景的驱动下快速迭代

当今不需要再做 3~5 年规划了，而要在愿景的驱动下快速迭代，“不追求细胞长大，而追求细胞分裂”。

做企业是穷做，还是富做?

有人回答有钱就是富做，实际上不论有钱还是没钱，都要穷做企业。

富做——投入大资金、大资源，盯住目标，投入固定产业。

穷做——发现机遇并抓住，轻资产、轻运营，才能快速迭代。

万科转型专注住宅领域的房产开发

万科作为专业住宅开发企业，在发展过程中所做的探究值得现在的中小企业学习。其实万科在经营初期，其并没有涉足房地产领域，而是多方拓展销售业务，积累了大量的资金。这样做最简单直接的目的就是增加利润。

1988 年 11 月，万科以 2 000 万元的价格投标买地，正式进入房地产领域，此后便以房地产为主营业务，在全国范围内不断扩张。但是，高歌猛进也伴随着过热和泡沫。很快，这种四处开花的多元化经营就让万科陷入了困境。无论是资金还是人才方面，都因为资源分散而无法形成主导产业。在意识到这个问题之后，万科立即调整了战略，开始进行有计划的转型和升级。

通过战略思考，万科在第二个十年中按照专业化的发展战略，对非核心业务进行了调整，开创了著名的“减法理论”，也就是对非核心企业关、停、并、转。转就是卖，盘活存量。

事实上，万科的战略性调整共包括三个方面：

第一个是从多元化经营向专营房地产集中；
第二个是从多品种经营向住宅集中；
第三个是投放的资源由 13 个城市向北京、深圳、上海和天津集中。

也就是说，万科走的不仅是经营领域的专业化道路，也是地域转化战略之路。结果，万科的业绩和房地产业务得到了不断的发展。

“

当然，并不是说每一家企业都要像万科一样做‘减法’，具体操作还要视情况而定。

一些企业也可以在前期发展中就已经进行了精准定位，而且在主营业务发展得比较稳定的情况下，适当地扩展到更多的相关领域，以扩大企业规模。

”

未来新商业模式

互联网模式 + 实体门店 + 微商模式 = 社交电商新零售

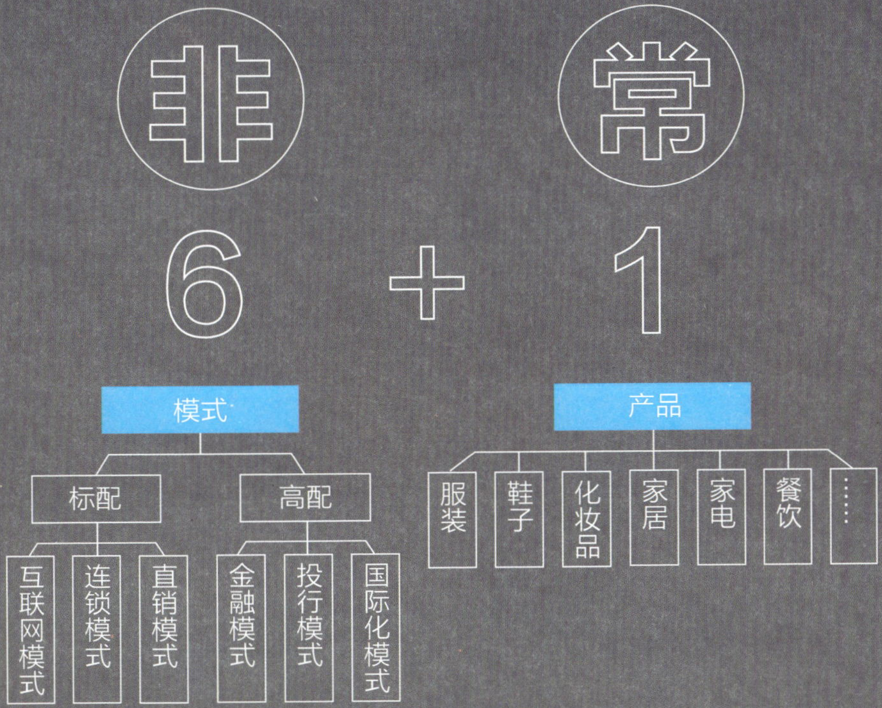

在未来，重构一个超级新型的商业模式叫作“非常6+1”。“6”代表非常规的6种模式，“1”代表产品。产品可以是服装、鞋子、化妆品、家居、家电、餐饮等。模式分为两种：一种是标配——互联网模式、连锁模式、直销模式；另一种是高配——金融模式、投行模式、国际化模式。将标配和高配两种模式相结合，这种新型的商业模式就无敌了。

周导现场

社交电商新零售

某咖啡品牌仅在两年的时间内，已经在全国开店4500多家，一跃成为全国最大的咖啡连锁品牌。

咖啡仅仅是一个产品，用最好的咖啡机、最好的咖啡豆、最好的咖啡师，就足以做出一杯好咖啡。所以，某咖啡想要在这个层面与星巴克等咖啡企业竞争很难。

周 导 现 场

那么某咖啡的核心在哪里呢？在于模式。某咖啡只是借助咖啡与人发生连接。你到这家咖啡店去买咖啡，先下载它的 APP，下载之后第一杯咖啡免费。同时，把某咖啡 APP 分享给你的朋友，你的朋友也完成了下载登录 APP，那么你的朋友也可以免费获得一杯咖啡。因为你分享推荐来了朋友，你还可以免费再喝一杯咖啡，这种分享转介绍的方式就是直销逻辑模式。

同时，这家咖啡品牌的 APP 也可以做电子商务。之前这家咖啡宣布重新修改售卖范围，增加了服装品类，一点儿也不让人觉得惊奇。因为这家咖啡一开始就不是做咖啡的，它只是借用咖啡与人发生连接，然后做互联网模式（平台），借助直销的方式，到线下做实体店。因为线上的流量已经被 BAT、今日头条、抖音、美图秀秀、墨迹天气等抢占和瓜分，所以这家咖啡品牌只能到线下去吸引流量。

这家咖啡品牌的模式可以叫作“互联网 + 连锁 + 直销模式”相结合，又结合了资本运作。当然，在未来，这家咖啡品牌还会继续把高配模式的内容做下去。

所以，未来的商业模式就是“非常 6+1”的模式，这同样是社交电商新零售的新商业模式。

拥抱未来

老板们都有一个共同的使命，那就是把企业“做大、做强、转型、升级”。

使命

做大 →	资产↑ →	用户↑
做强 →	员工↑ →	渠道↑
转型 →	产品↑ →	模式↑
升级 →	投资↑ →	融资招商↑
企业 →	过去 →	今天

过去的做大就是把资产做大：

把 2 个店面变成 4 个店面，把 1 条生产线变成 4 条生产线，把投资从 2 000 万元增加到 1 亿元。

过去的做强就是把员工做强：

把公司员工人数变多，从 30 人变成 300 人；把员工工资提高，从月薪 2 000 元提高到年薪 50 万元、100 万元。

你不禁会问：这有什么问题吗？

问题就是：你把资产做大会加大投资，你把员工做强会增加成本，那么你的投资回收周期就拉长了，你的盈利就显得艰难了。

今天的做大是把用户数做大：

把原来的 1 500 人变成 10 000 人；

今天的做强是把渠道做强：

把原来 100 人帮助你推广变成 10 000 人帮你推广，而且不只是卖产品，更多的是帮助客户自己；

今天的转型是盈利方式转型：

模式盈利；

今天的升级是盈利能力升级：

不仅赚一个行业的钱，还可以赚跨行业的钱。

今天的做大做强、转型升级才符合这个时代的节奏和脉搏。

结语

开发新用户，建立新渠道，
设计新模式，拥抱新商业，
迈向新经济，走进新时代。
从过去以货为中心的时代，
迈向以人为中心的新时代。

参考文献

[1] 马化腾，孟昭莉，闫德利，等 . 数字经济 [M]. 北京：中信出版集团，2017.

[2] 周导 . 商业之巅：新商业时代的 12 个锦囊妙计 [M]. 北京：机械工业出版社，2019.

[3] 周导 . 逆向盈利 [M]. 北京：中国商业出版社，2019.

内容简介

本书通过周导自创的四大思维、八大盈利模式、十二个趋势等，为企业带来两大改变：第一，跳出收入、成本、利润和投资恶性循环的怪圈，让企业的现金流通起来；第二，把融资这个平台打开，让企业通过模式的创新吸引更多的资源及资本进来。

图书在版编目（CIP）数据

重构：新商业模式 / 周导著. — 哈尔滨：哈尔滨工业大学出版社，2019.12（2020.11重印）

ISBN 978-7-5603-2887-4

Ⅰ. ①重… Ⅱ. ①周… Ⅲ. ①商业模式—研究 Ⅳ. ①F71

中国版本图书馆CIP数据核字(2019)第270191号

CHONGGOU：XIN SHANGYE MOSHI

图书策划　沃米重构研习社

策划编辑　李艳文　范业婷

责任编辑　孙　迪

出版发行　哈尔滨工业大学出版社

社　　址　哈尔滨市南岗区复华四道街10号　邮编 150006

传　　真　0451-86414749

网　　址　http://hitpress.hit.edu.cn

印　　刷　鑫艺佳利（天津）印刷有限公司

成品尺寸　170mm×230mm　印张14　字数 198千字

版　　次　2019年12月第1版　2020年11月第10次印刷

书　　号　ISBN 978-7-5603-2887-4

定　　价　99.00元

（如因印装质量问题影响阅读，我社负责调换）

人生所有的修炼
都只为在更高的地方遇见你

All the practice in life
is only to meet you in a higher place.

重构

新商业模式

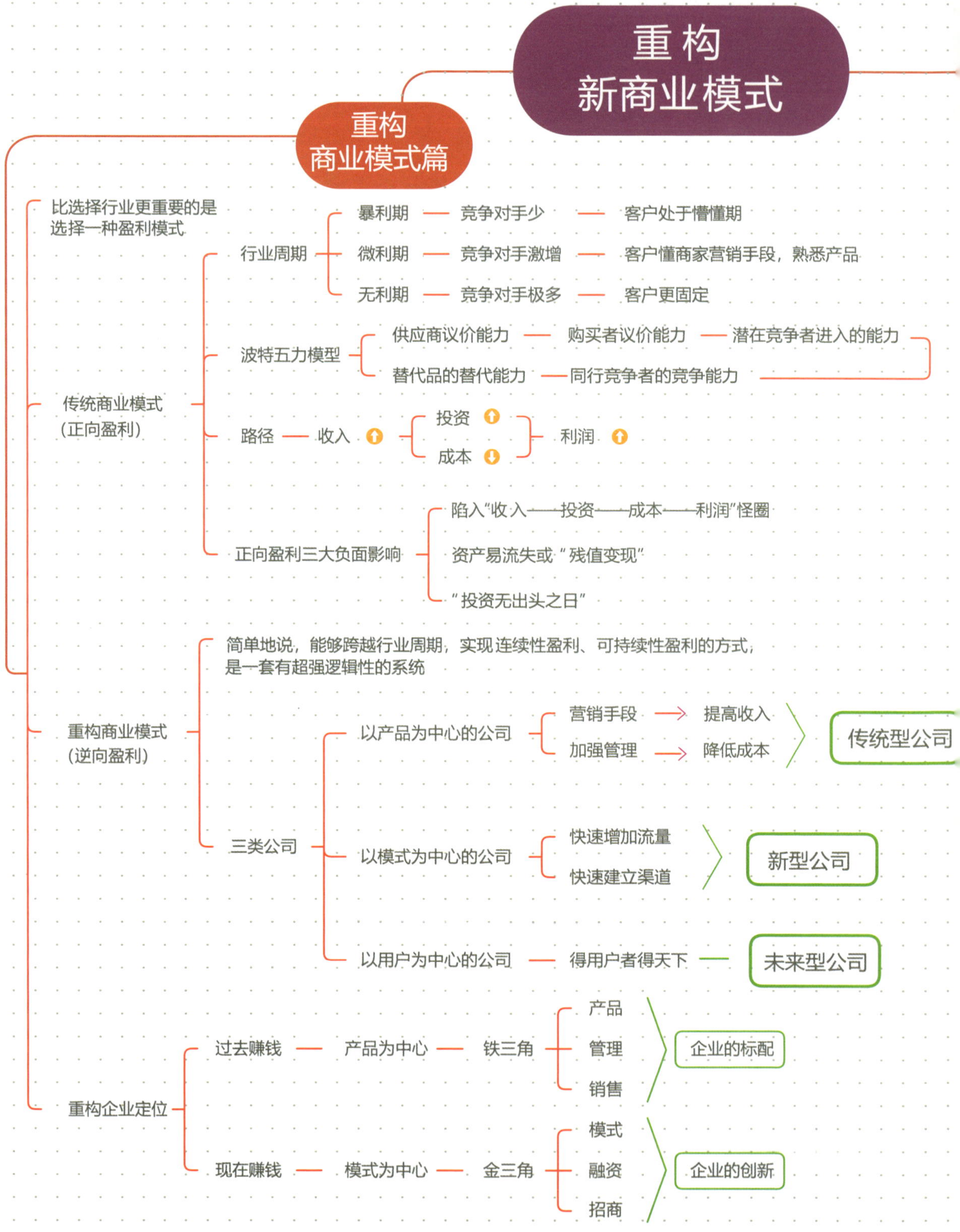

重构
新商业模式
重构
商业模式篇
比选择行业更重要的是
选择一种盈利模式
传统商业模式
(正向盈利)
行业周期
暴利期
竞争对手少
客户处于懵懂期
微利期
竞争对手激增
客户懂商家营销手段，熟悉产品
无利期
竞争对手极多
客户更固定
波特五力模型
供应商议价能力
购买者议价能力
潜在竞争者进入的能力
替代品的替代能力
同行竞争者的竞争能力
路径
收入
投资
成本
利润
正向盈利三大负面影响
陷入“收入——投资——成本——利润”怪圈
资产易流失或“残值变现”
“投资无出头之日”
重构商业模式
(逆向盈利)
简单地说，能够跨越行业周期，实现连续性盈利、可持续性盈利的方式，
是一套有超强逻辑性的系统
三类公司
以产品为中心的公司
营销手段
提高收入
加强管理
降低成本
传统型公司
以模式为中心的公司
快速增加流量
快速建立渠道
新型公司
以用户为中心的公司
得用户者得天下
未来型公司
重构企业定位
过去赚钱
产品为中心
铁三角
产品
管理
销售
企业的标配
现在赚钱
模式为中心
金三角
模式
融资
招商
企业的创新

重构 盈利思维篇

- 第一大思维
  - 收入思维 — 产品 — 研发和创新
  - ↓
  - 入口思维
    - 入口大战，流量比赛
    - 得入口者得未来5年发展
    - 产品不是用来赚钱的，是用来与客户产生链接留住流量的
    - 主题旅游 — 实体门店 — 线下培训 — 新媒体平台 — 入口路径 — ……
- 第二大思维
  - 成本思维 — 过去的老板（加减法盈利）
    - 如何降低运营成本
    - 如何战胜竞争对手
  - ↓
  - 平台思维 — 今天的老板（乘除法盈利）
    - 如何帮竞争对手卖产品
    - 如何让竞争对手员工变成你的合作伙伴
  - → 开始就把公司定义成平台
- 第三大思维
  - 利润思维 — 利润从主营业务来 — 把一个产品卖给一千个人
  - ↓
  - 跨行思维 — 本行业外的更大盈利
    - 锁定一个人卖他一千次
    - 锁定一个人卖他一千次，然后每个人帮我找来一千人，再每个人卖他一千次
- 第四大思维
  - 投资思维 — 赚钱=资源+经营
  - ↓
  - 生态思维 — 融资获得资源+投资获得资源
- 三个市场 — 消费市场 — 资本市场 — 创业市场
- 三年规划 — ① 明确退休时间 — ② 给公司重新取个好名字 — ③ 组建团队 — ④ 资源盘点

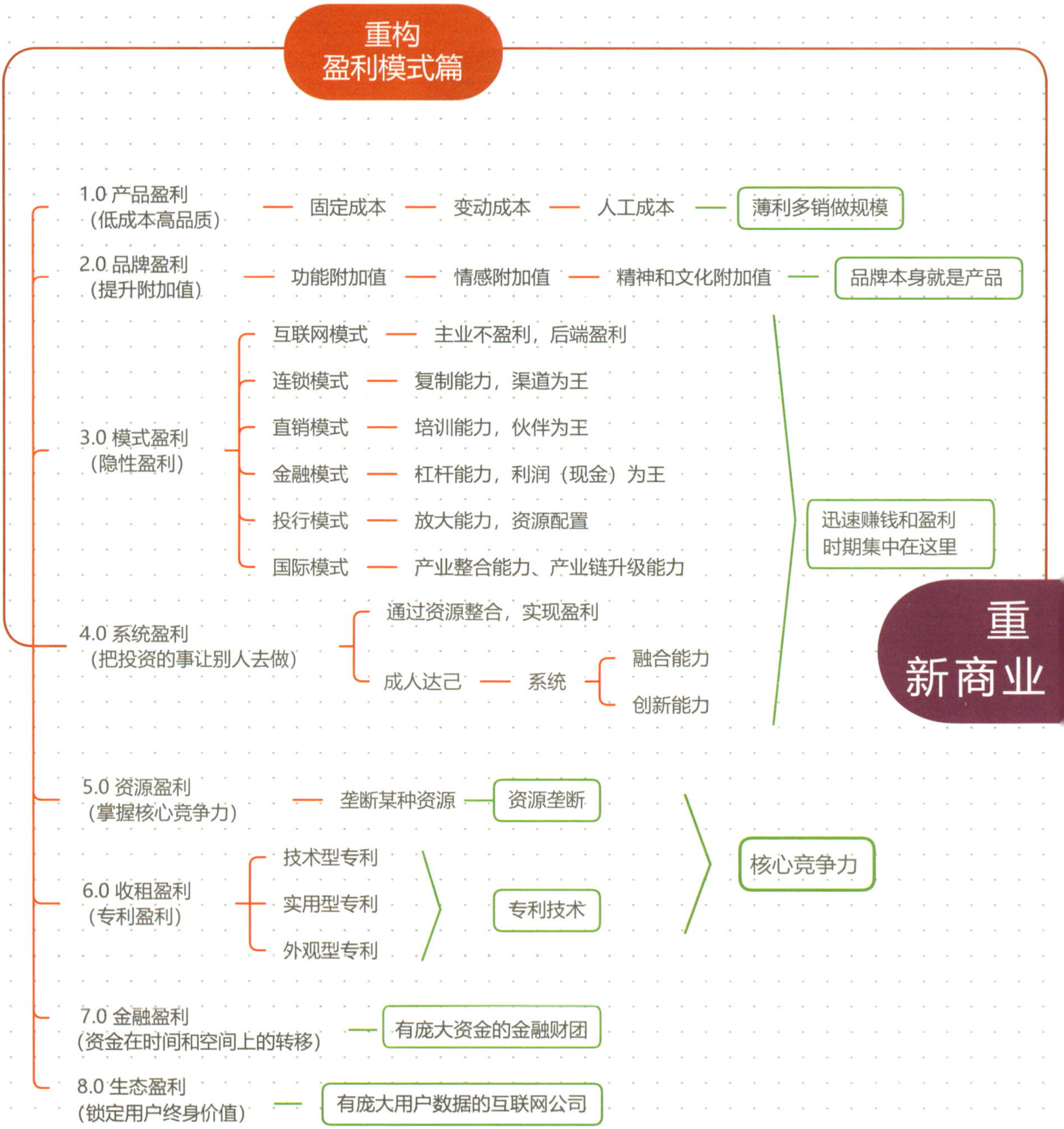
重构
盈利模式篇
1.0 产品盈利
（低成本高品质）
固定成本
变动成本
人工成本
薄利多销做规模
2.0 品牌盈利
（提升附加值）
功能附加值
情感附加值
精神和文化附加值
品牌本身就是产品
3.0 模式盈利
（隐性盈利）
互联网模式
主业不盈利，后端盈利
连锁模式
复制能力，渠道为王
直销模式
培训能力，伙伴为王
金融模式
杠杆能力，利润（现金）为王
投行模式
放大能力，资源配置
国际模式
产业整合能力、产业链升级能力
迅速赚钱和盈利
时期集中在这里
4.0 系统盈利
（把投资的事让别人去做）
通过资源整合，实现盈利
成人达己
系统
融合能力
创新能力
重
新商业
5.0 资源盈利
（掌握核心竞争力）
垄断某种资源
资源垄断
6.0 收租盈利
（专利盈利）
技术型专利
实用型专利
外观型专利
专利技术
核心竞争力
7.0 金融盈利
（资金在时间和空间上的转移）
有庞大资金的金融财团
8.0 生态盈利
（锁定用户终身价值）
有庞大用户数据的互联网公司

构模式

当下重构 拥抱未来篇

- 五新模式
  - 新经济
  - 新商业
  - 新模式
  - 新渠道
  - 新用户
- 商业发展的十二个趋势
  - 用解决方案/生活方式取代产品
  - 你的收入建立在增加别人收入的基础上
  - 削减投资、砍掉成本
  - 分享传播代替传统广告
  - 客户自主传播代替商家推广
  - 社交活动代替开门店
  - 回本制度取代了高价
  - 逆向众筹取代了投资
  - 人人都是老板，代替传统管理
  - 产业联邦代替各自为政
  - 以用户为中心建立新社群
  - 在愿景的驱动下快速迭代
- 未来新商业模式
  - 社交电商新零售
  - 社交电商
  - 新零售
  - 圈子电商

重构服务体系篇

- 服务速度与服务融合
- 智能化服务
- 体验式服务
- 共享服务——共享经济下的新服务模式

流量的入口

愿景

使命

*** 备注：**

价值观

企业文化

企业定位

ENTERPRISE POSITIONING

战略方向

目标规划

财务计划

产品定位

渠道建设

服务体系

企业战略蓝图

STRATEGIC BLUEPRINT OF ENTERPRISE

企业行业周期

INDUSTRY CYCLE OF ENTERPRISE

暴利期

（盈利模式）

微利期

（盈利模式）

无利期

（盈利模式）

微利期
行业周期诊断
暴利期
无利期

企业核心竞争力

CORE COMPETITIVENESS OF ENTERPRISE

企业核心竞争力

CORE COMPETITIVENESS OF ENTERPRISE

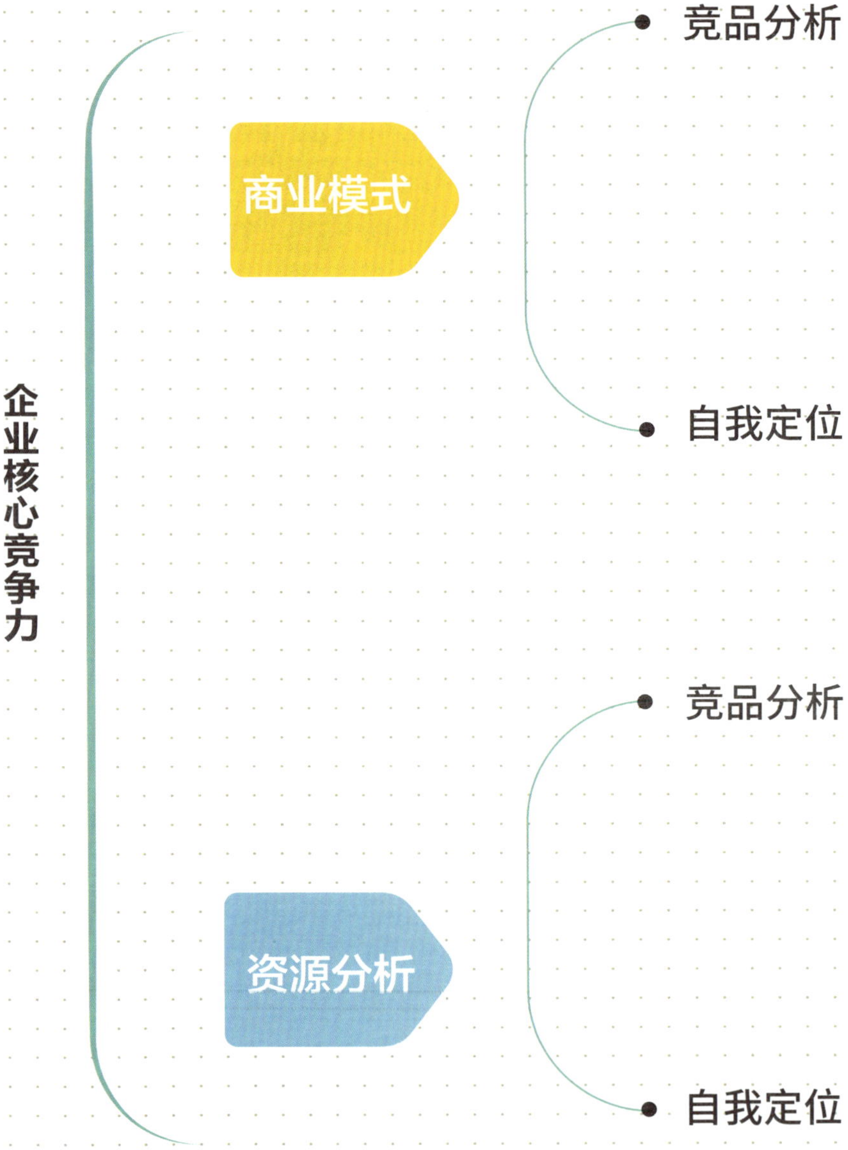

供应商的议价能力

❶

❷

❸

❹

❺

❶

❷

❸

❹

❺

波五模

❶

❷

❸

❹

❺

购买者的议价能力

特
力
型

同行竞争者的竞争能力

1
2
3
4
5

替代品的替代能力

1
2
3
4
5

潜在竞争者进入的能力

不同商业模式的老板思维

BOSS THINKING OF DIFFERENT BUSINESS MODELS

★

传统企业的老板 产品专家

★★

新型企业的老板 模式专家

★★★

未来企业的老板 资本专家、渠道专家、用户体验专家

昨天

（盈利思维）

今天

（盈利思维）

未来

（盈利思维）

金三角与铁三角

GOLD TRIANGLE AND IRON TRIANGLE

铁三角

- 产品
- 营销
- 管理

金三角

- 模式
- 融资
- 招商

铁三角

过去赚钱

金三角

现在赚钱

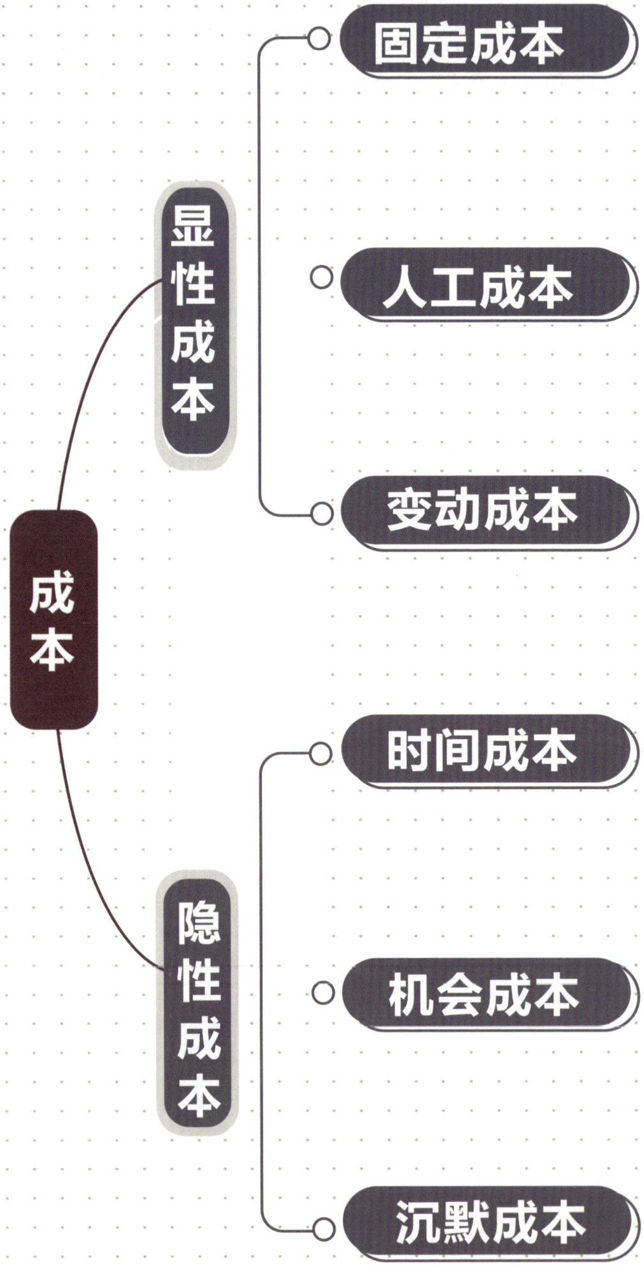
成本
显性成本
固定成本
人工成本
变动成本
隐性成本
时间成本
机会成本
沉默成本

产品盈利

1.0

品牌盈利

2.0

周导现场

模式盈利 3.0

系统盈利 4.0

资源盈利

5.0

收租盈利

6.0

金融盈利 7.0

国家盈利 8.0

入口思维

平台思维

跨行思维

生态思维

固定成本分析

变动成本分析

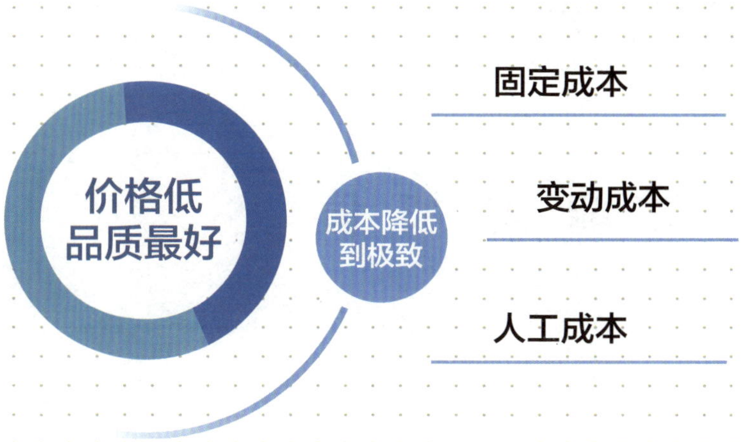

人工成本分析

品牌盈利

BRAND PROFIT

功能附加值

情感附加值

精神/文化附加值

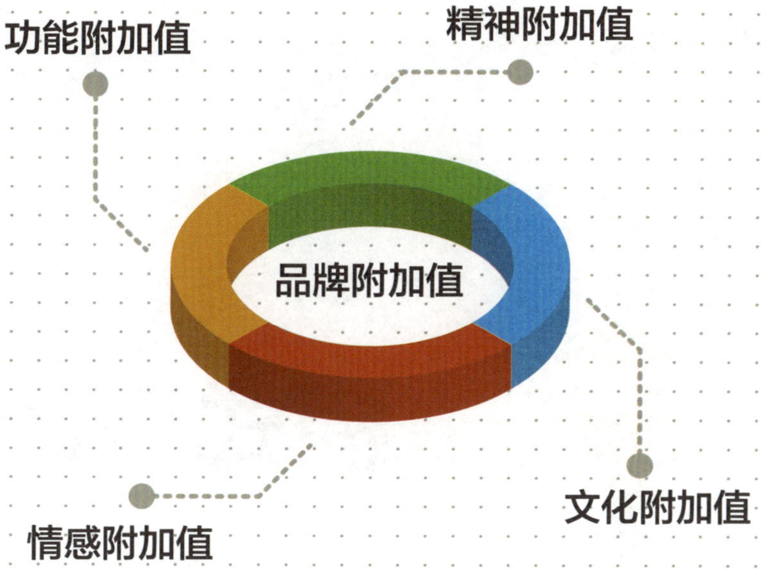

标　配

六 大 模 式

SIX MODLES

模式设计

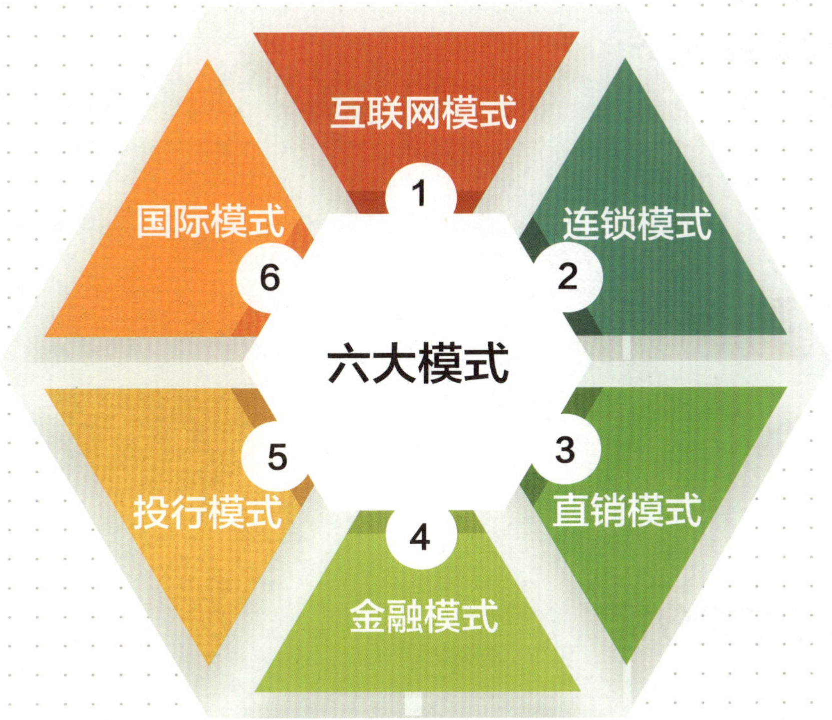
互联网模式
1
连锁模式
2
直销模式
3
金融模式
4
投行模式
5
国际模式
6
六大模式

系统盈利

SYSTEM PROFIT

1 资源分析

2 整合方式分析

3 系统构建分析

4 合作方案设计

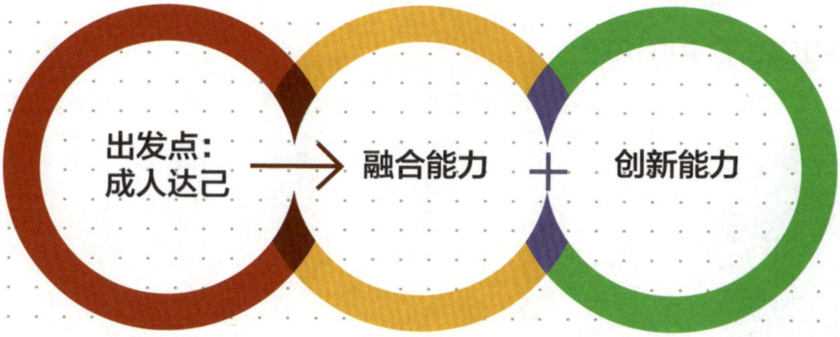
出发点：
成人达己
融合能力
创新能力

资源盈利

RESOURCE PROFIT

政策资源

自然资源

核心
竞争力

独占优势

政策
资源
自然
资源
独占
优势
核心
竞争力

服务设计

服务迭代

用解决方案/生活方式取代产品

你的收入建立在增加别人收入的基础上

削减投资、砍掉成本

分享传播代替
传统广告

客户自主传播代替
商家推广

社交活动代替开门店

回本制度取代了高价

逆向众筹取代了投资

人人都是老板
传统管理

产业联邦代替
各自为政

以用户为中心
建立新社群

在愿景的驱动下
快速迭代

打造爆品

用户画像

用户痛点

用户相关需求

使用场景

整体解决方案文案

企业生态圈

BUSINESS ECOSYSTEM

周导现场

企业五新模式

FIVE NEW MODELS OF ENTERPRISE

01 新商业

02 新模式

03 新渠道

04 新用户

05 新经济

用户量做大

渠道做强

模式转型

融资招商升级

新社群分享传播

NEW COMMUNITY SHARING AND SPREADING

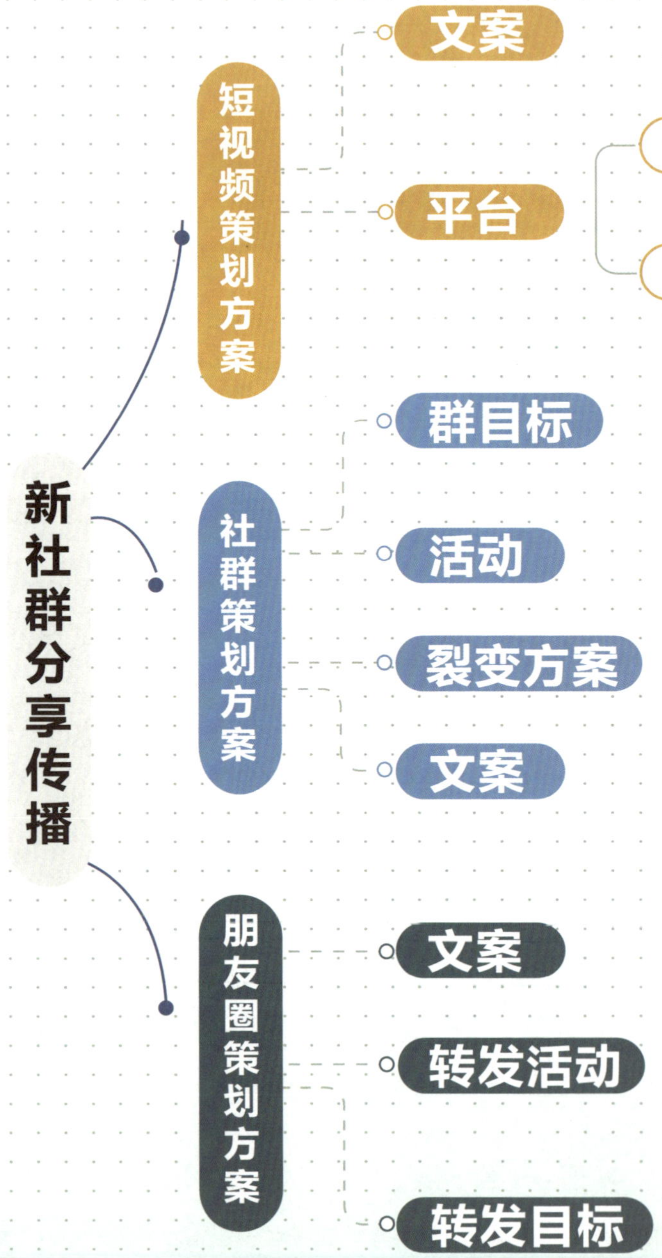